AF219375

www.liebe-mit-style.de

„Das Wichtigste ist, Lust und Liebe zur Sache zu wecken, sonst erzieht man nur gelehrte Esel."

Michel de Montaigne

Mike Winter

Liebe mit Lust
Gentleman und Leidenschaft:
Erfüllende Momente als Paar
Wie Sie als Mann mit Stil die Intimität und die persönliche
Sexualität in der Partnerschaft entdecken und genießen

Über den Autor: Der gebürtige Rheinländer Mike Winter arbei-
tet seit über 40 Jahren als freier Autor, Marketingspezialist und
Beziehungsexperte für die unterschiedlichsten Unternehmen
und Menschen. Als Führungskraft und Coach ist er darauf
spezialisiert, praktisch anwendbares Wissen für Beruf und Pri-
vatleben zu vermitteln. Das Thema dieses Buches liegt ihm
besonders am Herzen, weil er als Mann mit Sinn für Gleichberechtigung und Respekt anderen Männern neue und interessante Wege aufzeigen möchte, Sexualität und befriedigenden
Sex mit Wertschätzung gegenüber Frauen und ihren Bedürfnissen zu erleben. Als Mann und Gentleman ließ er es sich
nicht nehmen, so lange nach der richtigen Partnerin zu suchen, bis er bei seiner großen Liebe emotionale und sexuelle
Erfüllung fand. Heute lebt er glücklich mit seiner jetzigen Partnerin, Freundin und Geliebten in einer modernen Beziehung,
die persönliche Freiheit, Unabhängigkeit und eine befriedigende Sexualität beider Partner unterstützt und fördert. Er
weiß, wovon er schreibt.

Bibliografische Information der deutschen Nationalbibliothek: Die deutsche Nationalbibliothek verzeichnet diese Publikation in der deutschen Nationalbibliografie; detaillierte bibliografische Daten sind im Internet über http://dnb.dnb.de abrufbar

Impressum

Liebe mit Lust
Gentleman und Leidenschaft:
Erfüllende Momente als Paar
Wie Sie als Mann mit Stil die Intimität und die persönliche Sexualität in der Partnerschaft entdecken und genießen

Lektorat und Korrektorat: Claudia Pipos, Elsa Breuniger
Bilder: Pixabay, Mike Winter
© April 2023 Mike Winter
Herstellung und Verlag: BoD - Books on Demand, Norderstedt
ISBN 9783752604184
Dieses Buch beinhaltet erotisches Material und richtet sich ausschließlich an volljährige Personen! (18+).

Genderhinweis:

Aus Gründen der besseren Lesbarkeit und Verständlichkeit wird auf die gleichzeitige Verwendung der Sprachformen männlich, weiblich und divers (m/w/d) verzichtet. Sämtliche Personenbezeichnungen gelten gleichermaßen für alle Geschlechter.

Das Buch richtet sich bewusst an eine spezifische Zielgruppe, nämlich Männer in Beziehungen zu Frauen. Die Beschränkung auf diese Zielgruppe soll lediglich der Fokussierung auf das Thema des Buches dienen und stellt keine Diskriminierung oder Ausgrenzung anderer Personengruppen dar. Leser und Leserinnen sind herzlich willkommen.

Dieses Buch ist ein fiktives Werk. Alle Charaktere, Handlungen und Ereignisse in diesem Buch sind frei erfunden. Jegliche Ähnlichkeiten mit lebenden oder verstorbenen Personen, realen Begebenheiten oder Orten sind rein zufällig und unbeabsichtigt.

Die in diesem Buch enthaltenen Methoden, Checklisten und Handlungsempfehlungen wurden vom Autor nach bestem Wissen und Gewissen erstellt und sorgfältig überprüft. Trotzdem können inhaltliche Fehler nicht vollständig ausgeschlossen werden und eine erfolgreiche Durchführung oder Anwendung hängt von der persönlichen Veranlagung und Ausbildung des Anwenders ab. Hinweise und Empfehlungen erfolgen daher ohne jegliche Verpflichtung des Verlages oder des Autors. Weder der Verlag noch der Autor übernehmen daher eine Haftung für eventuelle Unrichtigkeiten oder Schäden, die durch die Anwendung der im Buch beschriebenen Methoden entstehen.

Für die Männer, die bereits Gentlemen sind oder die Gentlemen werden wollen und dazu bereit sind, eine neue Form von Gentleman-Kultur in unserer Gesellschaft zu etablieren.

Für meine Söhne Marc und Arne – damit etwas bleibt.

In zärtlicher Umarmung, Hand in Hand,
Entdecken wir Liebe, wie nie gekannt.
In Blicken versunken, die Herzen entfacht,
Sind Mann und Frau, in Leidenschaft erwacht.

Vereint im Rhythmus, erfüllt von Verlangen,
Umhüllt uns die Nacht, im Tanz der Gefühle gefangen.
Lippen vereinen sich, zärtlich und sacht,
Versprechen erfüllende Liebe in dieser Nacht.

Die Seelen verschmelzen, der Liebe geweiht,
Miteinander finden sie, wahre Zweisamkeit.
Ein Hauch von Ewigkeit, im Augenblick gefangen,
Romantische Erfüllung, in Liebe und Lust Verlangen.

Inhalt

„Die wahre Kunst befriedigender Sexualität besteht darin, nicht nur seinen eigenen Wünschen nachzugehen, sondern auch die Bedürfnisse und Wünsche seiner Partnerin zu verstehen und zu respektieren."

Was Sie in diesem Ratgeber erwartet

Liebe Männer und Gentlemen,

wenn Sie eine Beziehung führen wollen, in der Sie mit ihren ganz persönlichen sexuellen Vorstellungen und Erwartungen zu Befriedigung finden, kommen Sie nicht an der Auseinandersetzung mit dem Thema Paarsexualität und Paarbeziehung vorbei. Auch wenn Sie vielleicht in einem frauenfeindlichen oder eher patriarchalischen Umfeld aufgewachsen sind – eine erfüllte Sexualität und befriedigenden Sex bekommen Sie nicht, wenn Sie sich nur auf Ihre eigenen Bedürfnisse konzentrieren und Ihre Partnerin nur als Lustobjekt betrachten.

Erfüllten Sex im Sinne dieses Buches bekommen Sie, wenn Sie zuerst die Bedürfnisse Ihrer Partnerin in den Blick nehmen und sich mit ihr gemeinsam auf die spannende Entdeckungsreise einer ganz persönlichen, romantisch-intimen Sexualität als Paar begeben. Wenn das für Sie kein Weg ist, den Sie beschreiten wollen, können Sie sich die Lektüre dieses

Ratgebers sparen. Es geht in diesem Buch nicht darum, Männer in ihren Ansichten zu bekehren, sondern interessierten Männern und echten Gentlemen erprobte Wege aufzuzeigen, wie das Thema Sexualität gleichberechtigt gelebt werden kann – mit Lust, Liebe und Befriedigung auf Seiten von Mann und Frau.

Egal, ob Sie am Anfang einer Beziehung stehen oder bereits seit Jahren mit Ihrer Partnerin zusammen sind, dieser Ratgeber wird Ihnen dabei helfen, eine tiefere Verbindung und ein erfüllteres Sexleben zu erreichen. Das Buch soll Sie dazu ermutigen, Ihre eigenen Vorstellungen von Sexualität zu hinterfragen und sich von überholten Rollenbildern und Vorurteilen zu lösen, um gemeinsam mit Ihrer Partnerin ein authentisches, aufregendes und leidenschaftliches Liebesleben zu gestalten.

In einer Zeit wie heute, in der sexuelle Freizügigkeit und Vielfalt gefeiert werden, scheint man in gewisser Weise den wahren Wert von Intimität und erfüllendem Sex in einer Paarbeziehung aus den Augen verloren zu haben. Man ist ständig von einer Flut von Informationen und Reizen umgeben, die die eigenen Vorstellungen von Sexualität beeinflussen. Pornografie, soziale Medien und die Entertainment-Industrie prägen das Verständnis von Sex und Beziehungen mit unrealistischen und verzerrten Darstellungen. In dieser Welt, in der alles auf Knopfdruck verfügbar ist, wird es immer schwieriger, echte, tiefgründige und erfüllende sexuelle Erfahrungen zu erleben.

Junge Menschen zwischen 18 und 35 Jahren stehen vor großen Herausforderungen und Unsicherheiten, wenn es um Beziehungen, Sexualität und befriedigenden Sex geht. Die Suche nach Identität, Selbstverwirklichung und erfüllenden Partnerschaften ist oft von Zweifeln und Ängsten begleitet. In dieser Lebensphase ist man besonders empfänglich für Einflüsse von außen, die die eigene Wahrnehmung von sexueller Erfüllung prägen können. Es geht darum, sich auf die eigenen Bedürfnisse, Wünsche und zu konzentrieren, Grenzen auszutesten und ein gesundes, selbstbewusstes Verhältnis zur eigenen Sexualität zu entwickeln.

Dieses Buch möchte den Blick auf das Wesen erfüllter Sexualität in der Paarbeziehung lenken und Männern, die sich als Gentlemen verstehen, zeigen, wie gemeinsame Intimität, Vertrauen und Leidenschaft in sexuellen Momenten eine tiefe Verbindung zwischen Frau und Mann schaffen können. Es beleuchtet die unterschiedlichen Facetten, angefangen bei den Grundlagen einer sexuellen Verbindung über Schwierigkeiten und Unsicherheiten beim Sex und vermittelt wissenswerte Informationen, Fragestellungen und erfolgreiche Techniken bis hin zur Erhaltung von Leidenschaft und sexuellem Interesse in einer Beziehung

Das Buch soll als Ratgeber Männern und Gentlemen auch dabei helfen, ein besseres Verständnis für den eigenen Körper und ihre eigenen sexuellen Bedürfnisse und Vorlieben zu entwickeln, um so eine tiefe und erfüllende Beziehung zu ihrer Partnerin aufzubauen. Er zeigt auf, wie wichtig es ist, sich gegenseitig zu unterstützen und die Bedürfnisse der Partnerin in einer Paarbeziehung in den Fokus zu nehmen.

Mit einer Mischung aus theoretischem Hintergrundwissen, praktischen Tipps, Übungen und erotischen Geschichten soll Männern ein grundlegendes Verständnis für die verschiedenen Aspekte einer erfüllenden Sexualität vermittelt werden. Die Bedeutung von Begriffen wie Kommunikation, Konsens, Vertrauen und Respekt im emotionalen Erleben werden ebenso beleuchtet wie praktische Möglichkeiten mit erfolgreichen Techniken, die das sexuelle Erleben als Paar bereichern können.

Das Ziel dieses Buches ist es, Ihnen auf Ihrer persönlichen Reise zu einer erfüllenden Sexualität in der Paarbeziehung zur Seite zu stehen, Ihnen Anregungen und Inspirationen zu bieten und dazu beizutragen, dass Sie sich selbst und Ihre Partnerin sexuell besser verstehen. Sie sollen ermutigt werden, individuelle Vorstellungen von Sexualität zu hinterfragen und sich auf das zu konzentrieren, was Ihnen und Ihrer Partnerin wirklich wichtig ist.

Dieses Buch wirft ein offenes Licht auf die Erwartungen an Sexualität und Sex in Beziehungen. Dabei ist zu beachten, dass es keine allgemeingültige Formel für eine erfüllte Sexualität gibt, sondern dass jeder Mensch und jede Beziehung einzigartig ist.

Sind patriarchalische Ansichten zeitgemäß?

In patriarchalischen Kulturen und Religionen ist die Sexualität der Frau häufig durch männliche Dominanz und eine hierarchische Struktur gekennzeichnet. Frauen spielen in solchen Gesellschaften eine untergeordnete Rolle und die Kontrolle über ihre Sexualität steht primär im Vordergrund. Ein wesentlicher Faktor dabei ist die Macht und Kontrolle, die Männer über Frauen ausüben. Die Kontrolle über die Sexualität der Frau ist eine Möglichkeit für Männer, ihre Dominanz zu behaupten und Frauen damit in einer untergeordneten Position zu halten.

Tradition und kulturelle Werte spielen ebenfalls eine bedeutende Rolle. In vielen patriarchalischen Kulturen und Religionen ist die Vorstellung von Keuschheit und Reinheit, insbesondere in Bezug auf Frauen, von großer Bedeutung. Eine erfüllte Sexualität für Frauen wird dort als Bedrohung dieser

Werte angesehen. Die Rolle der Frau wird deshalb häufig auf die Fortpflanzung und die Versorgung der Familie reduziert.

Männer in patriarchalischen Gesellschaften halten meist an konservativen Werten fest, weil sie Veränderungen und den Verlust ihrer Machtposition fürchten. Sie lehnen die Bedeutung von sexueller Gleichberechtigung und erfüllter Sexualität für Frauen schlichtweg ab. Die Ängste und Unsicherheiten, die Männer in patriarchalischen Gesellschaften empfinden führen dazu, dass sie an konservativen Werten festhalten und Veränderungen ablehnen. Bedauerlicherweise gibt es auch in Deutschland immer noch viele Männer, die insgeheim an ähnlich konservativen Vorstellungen festhalten.

Eine fortschrittlichere Lösung wäre, auf eine Gleichberechtigung der Geschlechter und die Förderung von sexueller Selbstbestimmung und individueller Freiheit hinzuarbeiten. Dies könnte durch mehr Bildung, Aufklärung und Bewusstseinsbildung sowie andere gesetzliche Regelungen und das Empowerment von Frauen und Männern erreicht werden.

Dieses Buch soll dazu einen Beitrag leisten und richtet sich an Männer und Gentlemen, die bereit sind, ihre Sexualität neu auszurichten, um als Mann und Frau in einer gleichberechtigten Paarbeziehung befriedigende Erfüllung zu finden. Für Männer mit anderen Vorstellungen kann es schwierig sein, die Inhalte dieses Ratgebers zu akzeptieren und zu verstehen.

Kapitel 01:

Wissenswertes über Sexualität und Sex

Was ist Sexualität? Was ist Sex?

Sex und Sexualität sind eng miteinander verbundene Begriffe, die sich jedoch in ihrer Bedeutung und Tragweite unterscheiden.

Sex bezieht sich auf die körperliche Aktivität, bei der Menschen intime und körperliche Handlungen ausführen, um ihr sexuelles Verlangen zu befriedigen und/oder Kinder zu zeugen. Dazu gehören Handlungen wie Geschlechtsverkehr, Oralverkehr oder Masturbation. Sex kann zwischen Personen unterschiedlichen oder gleichen Geschlechts stattfinden und je nach Vorlieben und Wünschen der Beteiligten auf unterschiedliche Weise praktiziert werden.

Sexualität hingegen ist ein weiter gefasster Begriff, der sowohl biologische als auch psychologische, soziale und kulturelle Aspekte der sexuellen Identität, Orientierung und des

Verhaltens eines Menschen umfasst. Sexualität umfasst das sexuelle Begehren, die sexuelle Anziehung, das sexuelle Verhalten und die sexuellen Präferenzen einer Person, z. B. Heterosexualität, Homosexualität, Bisexualität oder Asexualität. Sexualität ist ein wichtiger Teil der persönlichen Identität einer Person und kann sich im Laufe des Lebens verändern.

Der Hauptunterschied zwischen Sex und Sexualität besteht darin, dass sich Sex auf die körperliche Aktivität bezieht, während Sexualität ein umfassenderes Konzept ist, das die verschiedenen Aspekte des sexuellen Seins einer Person umfasst.

Erfüllte Sexualität ist ein Zustand, in dem ein Mann oder eine Frau ein gesundes, befriedigendes und glückliches Sexualleben führt, das sowohl die körperlichen als auch die emotionalen Bedürfnisse berücksichtigt. Dazu gehören eine tiefe Bindung an einen Partner oder eine Partnerin, das Ausleben und Erforschen sexueller Fantasien und Vorlieben sowie ein gesundes Selbstvertrauen und Selbstakzeptanz in Bezug auf die eigene Sexualität, die Intimität mit dem Partner oder der Partnerin und den Geschlechtsverkehr.

Dies kann auf körperlicher Ebene durch sexuelle Lust, Orgasmus und angenehme Empfindungen erreicht werden, sowie auf emotionaler Ebene durch Intimität, Vertrauen und gegenseitige Zuneigung. Eine erfüllte Sexualität und befriedigenden Sex auf besserem oder hohem Niveau kann ein Paar erreichen, wenn die Partner miteinander kommunizieren, gegenseitige Wünsche berücksichtigen und Grenzen einhalten.

Warum können Frauen (sexuell) unsicher sein?

Frauen können aus verschiedenen Gründen unsicher in Bezug auf ihr Aussehen und ihren Körper sein. Häufig wird in den Medien ein sehr eingeschränktes Bild von Schönheit vermittelt, in dem Frauen in der Regel schlank, groß, sexy und makellos sind. Diese Schönheitsideale sind für die meisten Frauen unerreichbar, was zu Unsicherheit und Selbstzweifeln führen kann. Dazu trägt auch die Gesellschaft bei, die Frauen oft nach ihrem Aussehen beurteilt und bewertet. Dies kann den Druck erhöhen, bestimmten Erwartungen zu entsprechen und das Gefühl vermitteln, nur dann wertvoll zu sein, wenn man diesen Idealen entspricht. Soziale Vergleiche, insbesondere über soziale Medien, können ebenfalls zu Unsicherheiten führen, da Frauen sich ständig mit anderen vergleichen und das Gefühl haben können, nicht gut genug auszusehen.

Hinzu kommen persönliche Erfahrungen, die das Selbstbild einer Frau beeinflussen können. Kritik oder negative Kommentare von Familie, Freunden oder Partner können Unsicherheiten verstärken und das Selbstwertgefühl mindern. In manchen Fällen können auch traumatische Erlebnisse wie körperlicher oder sexueller Missbrauch zu einem negativen Körperbild beitragen.

Auch die Veränderung des Körpers im Laufe des Lebens spielt eine Rolle. Frauen durchlaufen verschiedene Lebensphasen wie Pubertät, Schwangerschaft und Wechseljahre, die körperliche Veränderungen mit sich bringen. Diese Veränderungen können zu Unsicherheiten führen, insbesondere wenn sie nicht den gesellschaftlichen Erwartungen entsprechen.

In den letzten Jahren hat sich das Bild der Frau in den Medien und in der Öffentlichkeit in Bezug auf den weiblichen Körper in vielerlei Hinsicht verändert. Eine der wichtigsten Entwicklungen ist die zunehmende Diversität und Inklusion in Medien und Werbekampagnen. Es gibt immer mehr Bemühungen, verschiedene Körpertypen, Hautfarben, Altersgruppen und kulturelle Hintergründe abzubilden. Dies zeigt sich auch in der Modeindustrie, wo immer mehr Marken mit Models unterschiedlicher Größe und Figur arbeiten.

Ein weiterer Aspekt des Wandels ist die zunehmende Akzeptanz und Zelebrierung der natürlichen Schönheit von Frauen. Statt auf unrealistische Schönheitsideale und retuschierte Bilder setzen Medien und Werbung zunehmend auf Authentizität und Selbstakzeptanz. So gibt es immer mehr Kampagnen, die auf Make-up und Photoshop verzichten und stattdessen Frauen in ihrem natürlichen Zustand zeigen.

Darüber hinaus spielt das Thema Körperpositivität eine immer größere Rolle. In sozialen Medien, Zeitschriften und im Fernsehen werden immer mehr Stimmen laut, die das Selbstwertgefühl von Frauen stärken und ihnen beibringen wollen, ihren

Körper unabhängig von Form und Größe zu lieben. Einflussreiche Persönlichkciten und Aktivistinnen nutzen Ihre Plattformen, um auf die Bedeutung von Körperakzeptanz und Selbstwertgefühl hinzuweisen und damit den Druck auf Frauen, einem bestimmten Schönheitsideal entsprechen zu müssen, zu verringern.

Mittlerweile wird das Thema weibliche Sexualität und sexuelle Gesundheit offener diskutiert. Medien und Öffentlichkeit sind heute eher bereit, über diese Themen zu sprechen und aufzuklären, um Mythen und Tabus abzubauen. Dies führt zu einer größeren Akzeptanz weiblicher Sexualität und ermöglicht es Frauen, sich besser über ihren Körper und ihre sexuellen Bedürfnisse zu informieren.

Insgesamt hat sich das Frauenbild in den Medien und in der Öffentlichkeit in Bezug auf den weiblichen Körper in den letzten Jahren in eine positivere und integrativere Richtung entwickelt. Es gibt jedoch noch viel Raum für Verbesserungen und es ist wichtig, dass diese Fortschritte weiterhin unterstützt und gefördert werden.

Warum sind Männer (sexuell) unsicher?

Männer können heutzutage aus verschiedenen Gründen sexuell verunsichert sein. Ein wichtiger Faktor ist die gesellschaftliche Erwartung, dass Männer selbstbewusst, dominant und sexuell erfahren sein sollten. Dieser Druck kann dazu führen, dass sie Angst haben, Unsicherheiten zuzugeben und offen über ihre Sexualität zu sprechen. Zudem fällt es Männern oft schwer, ihre Emotionen und Probleme zu kommunizieren, da sie häufig dazu erzogen werden, diese für sich zu behalten. In Kombination mit den veränderten Geschlechterrollen in der heutigen Gesellschaft kann dies zu Unsicherheiten in vielen Lebensbereichen, einschließlich der Sexualität, führen.

Ein weiteres Problem ist der Zugang zu und der Konsum von Pornografie, der in den letzten Jahren zugenommen hat. Die Darstellung von Sex und sexueller Leistung in der Pornografie kann unrealistische Erwartungen schaffen, wodurch Männer sich unsicher fühlen, wenn ihre eigene Erfahrung nicht diesen Darstellungen entspricht. Schließlich spielt auch die sexuelle Bildung eine Rolle. Unzureichende oder fehlgeleitete Informationen über Sex und sexuelle Gesundheit können ebenfalls zu Unsicherheiten und Ängsten führen.

Offene Gespräche über Sexualität und die damit verbundenen Unsicherheiten unter Männern sind in unserer Gesellschaft leider nicht üblich. Väter sprechen oft nicht offen mit ihren Söhnen über Sexualität, weil es ihnen selbst unangenehm ist, weil es in ihrer Familie ein Tabuthema ist oder weil sie unsicher sind, wie sie das Thema ansprechen sollen. Manche Männer halten das Thema auch einfach für unwichtig, weil sie andere Prioritäten setzen. Eine erfüllte Sexualität mit einer Frau ist nicht für alle ein Ziel. Für viele ist es auch nur eine schnelle Befriedigung ohne weitere Perspektive, über die man nicht offen spricht.

Was diese Männer dadurch nicht erfahren: Sexualität und der damit verbundene Sex mit einer Frau können eine wunderbare und sehr befriedigende Erfahrung sein.

Das Schaffen einer offenen und vertrauensvollen Kommunikation zwischen Männern und ihren Söhnen ist wichtig, um junge Männer in Bezug auf Sexualität gut zu informieren und zu unterstützen. Man sollte jungen Menschen die positiven Aspekte einer gesunden Sexualität und befriedigendem Sex nicht vorenthalten. Die Enttabuisierung von Themen wie sexueller Gesundheit, Kommunikation und emotionaler Offenheit kann dazu beitragen, dass Männer sich wohler dabei fühlen, ihre Sorgen und Unsicherheiten zu teilen. Eine bessere sexuelle Bildung, Aufklärung und das Hinterfragen traditioneller Geschlechterrollen sind ebenfalls entscheidend, um ein gesundes und erfüllendes Sexualleben zu unterstützen.

Die Problematik der sexuellen Verunsicherung bei Männern ist sehr vielschichtig und erfordert eine ganzheitliche Herangehensweise. Es ist wichtig, dass Männer ermutigt werden, über ihre Sexualität zu sprechen und Unterstützung zu suchen, wenn sie mit Unsicherheiten oder Ängsten konfrontiert sind. Gleichzeitig sollten Gesellschaft und Bildungseinrichtungen dazu beitragen, ein besseres Verständnis für die Diversität menschlicher Sexualität und die Bedeutung von Kommunikation und emotionaler Offenheit in Paarbeziehungen zu fördern.

Die falsche Sicht der Frauen auf Sexualität

Was für die Männer in unserer Gesellschaft gilt, gilt in leicht abgewandelter Form auch für die Frauen. Einer der Hauptgründe dafür ist die Exposition gegenüber den Medien, die Sex und sexuelle Beziehungen oft einseitig und unrealistisch darstellen. Dies kann zu falschen Erwartungen in Bezug auf sexuelle Interaktionen, Körperbilder und Geschlechterrollen führen. Auch Frauen klären ihre Töchter leider immer noch nicht ausreichend dazu auf.

Die Erziehung spielt eine große Rolle, wenn Sexualität und Geschlechterrollen nicht ausreichend oder nicht aufklärend thematisiert werden. Wenn Mädchen mit überholten Geschlechterstereotypen aufwachsen, nach denen Frauen passiv und unterwürfig und Männer dominant und sexuell aggressiv sein sollen, kann dies zu einer verzerrten Wahrnehmung von Sexualität führen.

Auch das soziale Umfeld und die Kultur beeinflussen das Verständnis von Sexualität. Hier tragen traditionelle Geschlechterrollen, die in verschiedenen Kulturen noch vorhanden sind, dazu bei, dass Frauen ihre eigene Rolle in sexuellen Beziehungen missverstehen und sich unter Druck gesetzt fühlen, bestimmten Erwartungen zu entsprechen.

Negative Männerbilder, die bei Frauen vorherrschen können, sind, dass Männer sexuell aggressiv oder besitzergreifend sein sollten und in sexuellen Beziehungen immer die Führung übernehmen sollten. Diese Ansichten sind nicht mehr zeitgemäß, da sie auf überholten Stereotypen beruhen und die Gleichberechtigung und Autonomie von Männern in Bezug auf ihre Sexualität ignorieren. Sie stehen auch im Widerspruch zu den Bemühungen, eine Kultur des gegenseitigen Respekts, der Akzeptanz und der offenen Kommunikation zu fördern.

Um diese Probleme zu überwinden und einen gesünderen Umgang mit Sexualität zu fördern, sind Bildung und Aufklärung von entscheidender Bedeutung. Sexualerziehung sollte in der Schule und zu Hause stattfinden und ein realistisches und vielfältiges Bild von Sexualität, Geschlechterrollen und Beziehungen vermitteln. Eltern, Lehrer und Betreuer sollten offen und ehrlich über Sexualität sprechen, um Kindern und Jugendlichen zu helfen, ein gesundes Verständnis und Einvernehmen über sexuelle Beziehungen zu entwickeln.

Die Medien und die Unterhaltungsindustrie sollten ihrer Verantwortung gerecht werden und Sexualität und Geschlechterrollen vielfältig und realistisch darstellen. Dies trägt zum Abbau von Stereotypen bei und fördert ein besseres Verständnis der Komplexität und Vielfalt der menschlichen Sexualität. Eine einseitige und manchmal sogar diskriminierende Haltung von Frauenmedien gegenüber Männern macht es nicht besser.

Darüber hinaus ist es wichtig, dass Männer und Frauen in ihren Beziehungen zusammenarbeiten, um Geschlechterstereotype und unrealistische Erwartungen an Sexualität zu hinterfragen.

Die falsche Sicht der Männer auf Sexualität

Männer können ebenfalls aufgrund verschiedener Einflüsse und Faktoren ein falsches Bild von Sexualität haben. Eine der Hauptursachen liegt am freien Zugang zu Pornografie, die häufig unrealistische und einseitige Darstellungen von Sex und sexuellen Beziehungen vermittelt. Pornografie kann zu falschen Erwartungen in Bezug auf sexuelle Leistungsfähigkeit, Körperbilder und die Art und Weise, wie Männer und Frauen miteinander umgehen, führen. Der leichte und frühe Zugang zu pornografischem Material im Netz über digitale Endgeräte begünstigt diese Entwicklung.

Auch die Erziehung spielt eine Rolle, wenn Sexualität und Geschlechterrollen nicht ausreichend oder nicht aufklärend behandelt werden. Wenn Jungen wie bereits erwähnt mit überholten Geschlechterstereotypen aufwachsen, nach denen Männer dominant und sexuell aggressiv und Frauen passiv und unterwürfig sein sollen, kann dies zu einer einseitigen und verzerrten Sicht auf Sexualität führen. Das gesellschaftliche Umfeld und die Kultur beeinflussen ebenfalls das Verständnis von Sexualität. Traditionelle Geschlechterrollen, die in verschiedenen Kulturen immer noch präsent sind, können dazu beitragen, dass Männer Frauen als Objekte betrachten und ihre eigene Rolle in sexuellen Beziehungen missverstehen.

Medien, Filme und Werbung können ebenfalls stereotype Geschlechterrollen und unrealistische Darstellungen von Sexualität fördern, die das Bild von Männern auf Sexualität beeinflussen.

Einige negative Frauenbilder, die bei Männern vorherrschen können, sind, dass Frauen als sexuelle Objekte betrachtet werden, die vor allem dazu da sind, männliche Bedürfnisse zu befriedigen, oder dass Frauen sexuell passiv sein und die Führung des Mannes akzeptieren sollten. Diese Ansichten sind nicht mehr zeitgemäß, da sie auf veralteten Ansichten beruhen und die Gleichberechtigung und Autonomie von Frauen in Bezug auf ihre Sexualität ignorieren. Aber was kann man als Mann und Gentleman dagegen tun? Ganz einfach! Über den eigenen Schatten springen, eine offene und moderne Haltung einnehmen und die Dinge anders leben und vorleben.

Nutzen Sie Ihre Chancen im Alltag

Im Kleinen können Sie als sexuell aufgeklärter Mann und Gentleman auftreten, eine schöne und erfüllte Sexualität mit ihrer Partnerin ausleben und Ihr direktes persönliches Umfeld durch Ihr gutes Beispiel beeinflussen. Zeigen Sie in Gesprächen in der Familie, mit Freunden und Bekannten, dass Sie als Gentleman eine fortschrittliche Vorstellung davon haben, wie die eigene Sexualität mit sich als Mann und die in einer Partnerschaft erfüllend, zeitgemäß und gleichberechtigt zwischen Mann und Frau gelebt werden kann. Sprechen Sie offen mit

Ihren Söhnen darüber und zeigen Sie anderen Männern, wie der Weg zu einer viel tieferen sexuellen Befriedigung für einen Mann aussehen kann. Seien Sie Vorbild und verhindern Sie im Kreis anderer Männer, dass Frauen auf etwas reduziert werden, was sie nicht sind – reine Sexobjekte.

Dazu eine Geschichte: Es war ein sonniger Nachmittag in der Stadt, und Anna schlenderte die Straße entlang, auf dem Weg zu ihrem Lieblingscafé. Sie trug ein elegantes, figurbetontes Kleid, das ihre natürliche Schönheit betonte, ohne aufreizend zu wirken. Plötzlich wurde sie von einer Gruppe Männer angesprochen, die auf einer Parkbank saßen. „He, Süße, so hübsch wie du solltest du nicht allein unterwegs sein", rief einer der Männer lachend, während die anderen zustimmend grinsten und weiter laut flüsternd anzügliche Bemerkungen über das Aussehen von Anna austauschten. Anna spürte, wie ihr Unbehagen wuchs, aber bevor sie etwas erwidern konnte, tauchte ein Mann auf, der zufällig vorbeikam. Er hatte dunkle, lockige Haare und ein sympathisches Lächeln, das Annas Herz ein wenig schneller schlagen ließ. Er trat vor die Gruppe und sagte mit einem charmanten Lächeln: „Hey Jungs, kennt ihr den Unterschied zwischen einem schlechten Flirtversuch und einem guten?" Die Männer schauten ihn verwirrt an, und einer fragte: „Nein, was ist der Unterschied?" „Nun, ein guter Flirtversuch fühlt sich an wie ein freundlicher Schulterklopfer – es ist angenehm und aufmunternd. Ein schlechter Flirtversuch dagegen fühlt sich an wie ein Schlag ins Gesicht – es ist unangenehm und unerwünscht", erklärte David, während er mit erhobenen Augenbrauen auf die Gruppe blickte. „Ich glaube, ihr habt gerade ins Gesicht geschlagen, wenn ihr versteht, was ich meine." Die Männer schienen verblüfft zu sein und begriffen langsam, dass sie in die Schranken gewiesen worden waren. Sie murmelten ein paar unverständliche beleidigende Bemerkungen und widmeten sich wieder ihren Handys, weil andere Passanten auf die Situation aufmerksam wurden. Er ging nicht auf die Bemerkungen ein und zwinkerte Anna zu, die sich ein Lächeln nicht verkneifen konnte. Anna atmete auf und wandte sich an ihren Retter und sagte: „Vielen Dank, dass Sie mir geholfen haben. Das war einfallsreich und witzig." Er lächelte und antwortete: „Kein Problem, ich konnte einfach nicht zusehen, wie diese Typen so respektlos mit Ihnen umgingen. Ich bin David." „Freut mich, David. Ich bin Anna", erwiderte sie, während sie ihre Hand schüttelten. David schaute auf das Café, auf das Anna zusteuerte, und fragte: „Wollen wir zusammen einen Kaffee trinken gehen? Ich verspreche, dass ich ein besserer Gesprächspartner als diese Typen bin." Anna lächelte und antwortete: „Das klingt wunderbar. Lass uns das tun." Die beiden schlenderten zum Café und verbrachten den Nachmittag damit, sich bei Kaffee und Kuchen kennenzulernen. Sie lachten über Davids humorvolle Kommentare und stellten fest, dass sie viele gemeinsame Interessen hatten. Die Zeit verstrich wie im Flug, und die Sonne begann langsam unterzugehen. David schaute auf seine Uhr und sagte: „Wow, ich kann nicht glauben, wie spät es schon ist. Ich habe mich sehr amüsiert." Anna lächelte und stimmte zu: „Ich auch. Es ist so erfrischend, jemanden wie dich zu treffen, der sich für Gleichberechtigung und Respekt einsetzt." David errötete leicht und erwiderte: „Nun, ich glaube, jeder sollte fair und respektvoll behandelt werden, unabhängig von Geschlecht oder Aussehen. Und ich muss sagen, es war wirklich schön, dich kennenzulernen, Anna." Die beiden standen auf und verließen das Café, bevor sie sich am Ende der Straße voneinander verabschiedeten. "Vielleicht können wir das bald wiederholen?", schlug David vor. Anna lächelte und nickte: „Das klingt wunderbar. Hier ist meine Telefonnummer, ruf mich gerne die Tage mal an. Bis bald, David." Sie schrieb ihre Telefonnummer mit einem Kugelschreiber auf Davids Handfläche und mit einem letzten Lächeln und einem Winken trennten sich ihre Wege.

Die Geschichte zeigt, welche Chancen Sie als Mann und Gentleman haben, wenn Sie die Sexualität von Frauen als etwas Besonderes betrachten und durch Ihr Verhalten anderen Männern zeigen, was es heißt, Frauen im Alltag wirklich wertzuschätzen. Seien Sie ein gutes Beispiel und setzen Sie Ihren Humor oder andere Fähigkeiten ein. Dazu gibt es in unserer Gesellschaft – privat wie beruflich – viele Gelegenheiten.

Kapitel 02

Sexuelle Orientierung und Praktiken

Es gibt eine Vielzahl von Formen der Sexualität, die unterschiedliche Vorlieben, Praktiken und Beziehungsformen umfassen. Sexualität ist ein vielfältiger und individueller Ausdruck menschlicher Intimität, menschlichen Begehrens und menschlicher Bindung. Dabei spielt auch die sexuelle Orientierung eine Rolle. Im Sinne der Gleichberechtigung der Geschlechter sollte jeder Mensch die Freiheit haben, seine Sexualität so zu leben, wie er oder sie es möchte, unabhängig von der sexuellen Ausrichtung oder Orientierung. Als Mann und Gentleman sollten Sie deshalb wissen, welche verschiedene Ausprägungen es gibt:

Heterosexualität: Beziehungen und Anziehung zwischen Menschen unterschiedlichen Geschlechts. Wenn Sie als Mann mit einer Frau zusammen sind und Sie füreinander eine ausgesprochene sexuelle Neigung haben, sind Sie in der Regel heterosexuell. Grob geschätzt sind das etwa 80 bis 85% der Menschen in Deutschland.

Homosexualität: Beziehungen und Anziehung zwischen Menschen des gleichen Geschlechts. Schwule Männer und lesbische Frauen sind Beispiele für homosexuelle Orientierungen.

Bisexualität: Anziehung und Beziehungen zu Menschen beider Geschlechter. Eine der umfassendsten Studien ("Studie zur Gesundheit Erwachsener in Deutschland (DEGS1)" 2010-2012) wurde 2017 von der Bundeszentrale für gesundheitliche Aufklärung veröffentlicht. Diese Studie basierte auf einer repräsentativen Stichprobe von mehr als 25.000 Personen im Alter von 18 bis 75 Jahren. Grob geschätzt und gesellschaftliche Veränderungen mitgerechnet sind inzwischen 15% bis 20% der Menschen in Deutschland bisexuell.

Pansexualität: Anziehung zu Personen unabhängig von deren Geschlechtsidentität. „Pan" ist griechisch und bedeutet „ganz, alles, umfassend". Man fühlt sich sexuell und/oder emotional zu einer Person hingezogen, unabhängig von ihrem Geschlecht.

Asexualität: Kennzeichen von Asexualität ist fehlendes oder geringes sexuelles Verlangen oder Interesse an sexuellen Aktivitäten. Aufgrund von britischen und amerikanischen Befragungen könnte man auf Deutschland übertragen von etwa 1-2% der Menschen in unserem Land ausgehen.

Demisexualität: Demisexualität ist eine sexuelle Orientierung, bei der jemand nur dann sexuelle Anziehung empfindet, wenn er eine starke emotionale Verbindung zu einer Person aufgebaut hat. Demisexualität fällt unter das Spektrum der Asexualität, und es ist noch ein relativ neues und weniger erforschtes Thema in der Sexualforschung.

Monogamie: Monogamie bezieht sich im Allgemeinen auf die Praxis oder den Zustand des romantischen oder sexuellen Engagements mit nur einem Partner zur gleichen Zeit. Es ist eine Form der Beziehung, bei der eine Person eine exklusive Beziehung mit einer anderen Person eingeht und sich darauf konzentriert, ihre romantischen oder sexuellen Bedürfnisse ausschließlich innerhalb dieser Beziehung zu erfüllen. Monogamie ist eine weit verbreitete soziale Norm in vielen Kulturen und wird dort als eine wichtige Komponente der Ehe angesehen.

Polygamie, Polyamorie: Polygamie und Polyamorie beziehen sich beide auf Beziehungen, in denen mehr als zwei Personen beteiligt sind. Der Hauptunterschied zwischen Polygamie und Polyamorie darin besteht, dass Polygamie in erster Linie auf Ehe und festen Beziehungsstrukturen basiert, während Polyamorie auf flexiblen Beziehungsstrukturen basiert, die auf offener Kommunikation, Vertrauen und Zustimmung beruhen. Polygamie ist in vielen westlichen Ländern rechtlich verboten, während Polyamorie eher eine persönliche und ethische Wahl darstellt, die von den beteiligten Individuen getroffen wird.

Queer: Ein Begriff, der eine Vielzahl von sexuellen Orientierungen und Geschlechtsidentitäten abdeckt, die sich nicht auf die traditionelle Geschlechterbinarität oder Heteronormativität beschränken.

Sexuelle Orientierungen sind vielfältig und es gibt weitere Praktiken und Vorlieben, die die menschliche Sexualität bereichern können, wenn sich die Partner darauf einigen, diese Praktiken gemeinsam auszuüben und dabei Freude und Lust empfinden. Besondere Neigungen in der Sexualität können unabhängig von der sexuellen Orientierung sein.

Kink und BDSM (Bondage, Dominanz, Submission, Sadomasochismus): Eine breite Palette von sexuellen Aktivitäten, die auf Macht, Kontrolle, Dominanz, Unterwerfung, Schmerz und/oder Fetischen basieren.

Fetische: Eine starke sexuelle Faszination oder Fixierung auf bestimmte Objekte, Körperteile oder Aktivitäten.

Rollenspiel: Das Ausleben von Fantasien und Szenarien durch das Spielen von Rollen und Charakteren, um sexuelle Erfahrungen zu bereichern.

Swinging: Sexuelle Aktivitäten, bei denen Paare ihre Partner mit anderen Paaren oder Individuen teilen, um sexuelle Abwechslung und Erfahrungen zu ermöglichen.

Kink, BDSM, Fetische und Swinging können für manche Menschen normale Ausprägungen ihrer Sexualität sein, solange sie auf Zustimmung, Vertrauen und Respekt für die Grenzen der beteiligten Personen basieren. Diese Praktiken können für einige Menschen eine wichtige Rolle in ihrem sexuellen und emotionalen Leben spielen. Sie werden in diesem Buch nicht betrachtet, weil sie eher als extreme Ausprägungen von Sexualität verstanden werden können. Die genauere Betrachtung darauf würde zu weit führen und den Rahmen sprengen. Rollenspiele in einer abgemilderten Form wie zum Beispiel bei kreativen Date-Nächten gehören jedoch mit zu den später noch folgenden Empfehlungen, um eine Paarbeziehung sexuell interessanter und spannender zu gestalten.

Auf Ihrer Entdeckungsreise als Mann und Gentleman konzentrieren wir uns auf folgende Praktiken und Spielarten männlicher und weiblicher Sexualität. Lernen Sie die verschiedenen Spielarten besser kennen.

Lustvolle Spielarten der Liebe in Paarbeziehung

Der Begriff „Spielarten der Liebe" beschreibt die verschiedenen sexuellen Vorlieben und Aktivitäten, die Menschen in einer Paarbeziehung ausüben können, um ihre Sexualität zu erkunden und auszudrücken. Ziel ist es, für beide Partner ein erfüllendes und befriedigendes Erlebnis zu schaffen. Das Besondere an diesen sexuellen Aktivitäten ist, dass sie ein besonderes Maß an Intimität und Vertrautheit zwischen den

Partnern schaffen können und im Wesentlichen in unserer Gesellschaft als eher normale sexuelle Aktivitäten oder Praktiken akzeptiert sind.

Küssen und Umarmen, liebe Gentlemen, sind einfache, aber sehr intime und effektive Ausdrucksformen von Liebe und Zuneigung, die Sie und Ihre Partnerin teilen können. Beim Küssen kommen Sie sich auf sehr emotionale und sinnliche Weise näher. Küssen kann sehr unterschiedlich aussehen und je nach Partnerin und Situation variieren. Eine Umarmung kann ebenfalls sehr intim sein und Ihnen beiden ein Gefühl von Nähe und Geborgenheit vermitteln. Sie kann beruhigend und tröstend wirken und dazu beitragen, Ihre Beziehung zu stärken.

Oralsex bezieht sich auf die Stimulation der Genitalien mit dem Mund, der Zunge oder den Lippen. Oralsex kann eine Form der gegenseitigen Stimulation und Intimität sein und für Sie und Ihre Partnerin sehr erregend sein. Es gibt verschiedene Techniken und Methoden, die verwendet werden können, um Ihre Partnerin zu stimulieren und ein befriedigendes sexuelles Erlebnis zu schaffen. Achten Sie darauf, die Gesundheit und Sicherheit zu berücksichtigen, indem Sie Schutzmaßnahmen ergreifen, um das Risiko sexuell übertragbarer Krankheiten zu minimieren.

Vaginaler Geschlechtsverkehr bezieht sich auf die sexuelle Aktivität, bei der ein Penis in die Vagina einer Frau eindringt. Diese Art von Geschlechtsverkehr kann sowohl zum Zweck der Fortpflanzung als auch als Form der sexuellen Stimulation und des Vergnügens durchgeführt werden. Während des vaginalen Geschlechtsverkehrs können verschiedene Stellungen eingenommen werden, um den Komfort und das Vergnügen zu maximieren. Wenn der Penis in die Vagina eindringt, kann er gegen den G-Punkt oder andere empfindliche Bereiche in der Vagina drücken, was für einige Frauen sehr erregend und erfüllend sein kann.

Analverkehr ist eine sexuelle Aktivität, bei der der Penis oder ein Sexspielzeug eines Partners in den Anus des anderen Partners eingeführt wird, was einige Menschen allein oder in Verbindung mit anderen sexuellen Spielarten auch organisch gesehen als sehr lustvoll empfinden. Der Anus ist die äußere Öffnung des Enddarms und normalerweise nicht für Geschlechtsverkehr vorgesehen. Vor dem Analverkehr ist es wichtig, sich darüber im Klaren zu sein, dass der Anus und das Rektum (der innere Teil des Enddarms) empfindliche Bereiche sind, die vorbereitet werden müssen, um Verletzungen oder Schmerzen zu vermeiden. Dazu gehört die Verwendung von Gleitmittel, um die Reibung zu verringern, und das langsame, schrittweise Einführen des Penis oder des Spielzeugs, um den Körper an das Gefühl zu gewöhnen. Analverkehr birgt ein gewisses Risiko sexuell übertragbarer Infektionen (STI), insbesondere wenn keine Schutzmaßnahmen wie die Verwendung von Kondomen oder anderen Barriere-Methoden getroffen werden. Darüber hinaus kann das Einführen des Penis oder eines Spielzeugs in den Anus das Verletzungs- und Infektionsrisiko erhöhen, wenn es unsachgemäß durchgeführt wird. Aus diesem Grund ist es wichtig, sich vor der Ausübung von

Analverkehr zu informieren und darüber Bescheid zu wissen und mit dem Partner oder der Partnerin offen und ehrlich darüber zu sprechen.

Masturbation ist eine sehr gesunde sexuelle Aktivität, die von vielen Menschen allein oder in einer Partnerschaft genossen wird. Sie kann eine Form der Selbstfindung und Selbsterfahrung sein und dazu beitragen, die sexuelle Lust und Erregung zu steigern. Es kann auch eine Möglichkeit sein, Ihre Partnerschaft zu stärken, indem Sie Ihrer Partnerin oder Ihre Partnerin Ihnen zeigt, was genau gefällt.

Erotische Massagen, liebe Gentlemen, sind eine Form der gegenseitigen Stimulation, die für Sie und Ihre Partnerin sehr entspannend und erregend sein kann. Eine erotische Massage kann helfen, Stress abzubauen, das Vertrauen zu stärken und das sexuelle Vergnügen zu steigern. Nehmen Sie sich die Zeit, um Ihre Partnerin liebevoll zu massieren, und entdecken Sie gemeinsam neue Wege, um Ihre Intimität und Zuneigung zu vertiefen. Eine Massage ohne direkte erotische Absicht kann zu tiefer Entspannung und Vertrautheit führen, was wiederum das Körpergefühl in sexueller Hinsicht begünstigt.

Rollenspiele können in Ihrer Paarbeziehung zu einem sinnlichen, erotischen und befriedigenden sexuellen Erlebnis beitragen, indem sie die Kommunikation und das Vertrauen zwischen Ihnen und Ihrer Partnerin stärken. Durch das gemeinsame Ausleben von Fantasien und das Ausprobieren neuer Szenarien können Sie als Paar Ihre Komfortzonen erweitern und Ihre Intimität vertiefen. Darüber hinaus ermöglichen Rollenspiele Ihnen, verschiedene Aspekte Ihrer Persönlichkeit zu erkunden und so Ihre sexuelle Selbstsicherheit zu erhöhen.

Das Experimentieren mit Küssen, Schmusen, Masturbation, erotischen Massagen, Rollenspielen, Oral-, Vaginal- und Analsex hilft, Langeweile und Monotonie im Schlafzimmer und in intimen Momenten zu überwinden, indem es Abwechslung und Kreativität in Ihr sexuelles Repertoire als Paar bringt. Durch das Einnehmen verschiedener Rollen und das neugierige Ausprobieren können Sie Ihr sexuelles Verlangen steigern und die Leidenschaft in Ihrer Beziehung entfachen.

Wenn Sie als Partner glücklich und zufrieden sind und sich aufeinander verlassen können, kann dies zum Aufbau einer starken und gesunden Beziehung beitragen. Als Paar sollten Sie Ihre sexuellen Aktivitäten von Zeit zu Zeit ändern oder variieren, um die Intimität und das Vergnügen in Ihrer Beziehung zu steigern. Letztendlich ist es wichtig, dass Sie Ihre Beziehung so gestalten, wie sie für Sie am besten funktioniert, ob Sie sich nun auf die gängigen Formen der Liebe beschränken oder andere Formen ausprobieren möchten. Wenn beide Partner einverstanden und zufrieden sind und sich dabei aufeinander verlassen können, kann dies zu einer starken und gesunden Beziehung beitragen.

Aber genug der Theorie, kommen wir zur Praxis! Lernen Sie, wie Sie in Ihrer Paarbeziehung Raum für intime Momente, eine erfüllte Sexualität und befriedigenden Sex schaffen können. Das große Geheimnis liegt in der Kommunikation.

Sexuelle Wünsche und Grenzen

Sexuelle Kommunikation ist für Männer schwierig, die nicht gelernt haben, mit ihrer Partnerin offen, ungezwungen und einfühlsam über Themen wie Sexualität und sexuelle Befriedigung zu sprechen. Auch Frauen sind leider immer noch viel zurückhaltend und verschwiegen, wenn es um diese Themen geht. Selbst in einer scheinbar aufgeklärten Gesellschaft wie in Deutschland gelingt es deshalb vielen Paaren nicht, offen miteinander über ihre Sexualität und ihre sexuellen Bedürfnisse zu sprechen. Das können Sie ändern.

Eine offene Kommunikation über sexuelle Wünsche und Grenzen kann dazu beitragen, dass Sie als Paar in einer Beziehung eine tiefere Verbindung und ein größeres Verständnis füreinander entwickeln. Sexuelle Wünsche sind sehr individuell und können sich im Laufe der Zeit ändern. Jeder Mensch hat andere Vorlieben und Interessen. Deshalb ist es wichtig, offen über Ihre Wünsche und Bedürfnisse zu sprechen, um ein erfüllendes Sexualleben zu haben und herauszufinden, was Ihnen oder Ihrer Partnerin gefällt und Spaß macht. Lernen Sie zunächst die Voraussetzungen dafür kennen. Was müssen Sie als Mann und Gentleman dafür tun?

Schaffen Sie einen sicheren Raum: Ein ehrlicher Austausch über sexuelle Wünsche und Bedürfnisse erfordert Vertrauen und eine Atmosphäre, in der beide Partner sich wohlfühlen. Schaffen Sie eine entspannte und vertrauensvolle Umgebung, um solche Gespräche mit Ihrer Partnerin zu führen.

Vermeiden Sie Schuldzuweisungen: Es ist wichtig, Ihre Bedürfnisse und Wünsche auszudrücken, ohne Ihre Partnerin für
eventuelle Unzufriedenheit verantwortlich zu machen. Sprechen Sie in grundsätzlich in „Ich-Botschaften", um Ihre Gefühle und Wünsche auszudrücken, ohne Ihre Partnerin anzu-
greifen.

Seien Sie konkret: Beschreiben Sie Ihre sexuellen Wünsche
und Vorlieben so präzise wie möglich, um Missverständnisse
zu vermeiden. Wenn Sie sich unsicher sind, wie Sie etwas ausdrücken sollen, suchen Sie nach geeigneten Worten oder verwenden Sie Metaphern und eine bildliche Sprache, um Ihre
Gedanken zu vermitteln. Passen Sie sich an die Sprache Ihrer
Partnerin an.

Darüber hinaus ist die **Achtung der persönlichen Grenzen**
bei intimen Kontakten mit Ihrer Partnerin von großer Bedeutung. Dies ist ein wesentlicher Bestandteil gesunder Sexualität und gehört zu einer offenen und ehrlichen Kommunikation
im Zusammenhang mit Wertschätzung und Achtsamkeit.

Reflektieren Sie Ihre eigenen persönlichen Grenzen: Bevor
Sie mit Ihrer Partnerin über Sexualität oder Sex sprechen, denken Sie darüber nach, welche Aktivitäten oder Praktiken Sie
für sich als angenehm oder unangenehm empfinden. Dies hilft
Ihnen, Ihre Grenzen klarer zu kommunizieren. Machen Sie
schon gleich zu Beginn Ihrer Beziehung klar, wo Ihre Grenzen
liegen und unterhalten Sie sich mit Ihrer Partnerin in entspannter Atmosphäre darüber. Geben Sie auch Ihrer Partnerin

die Gelegenheit, Ihnen im Gegenzug klar ihre Grenzen aufzuzeigen.

Seien Sie respektvoll: Respektieren Sie die Aussagen Ihrer Partnerin und erwarten Sie, dass Ihre Partnerin Ihre Aussagen ebenfalls respektiert. Hören Sie aufmerksam zu, wenn Ihre Partnerin über ihre Sexualität spricht, und stellen Sie tiefergehende Fragen, wenn Sie etwas nicht verstehen. Reflektieren Sie für sich, wie ihrer beider Erfahrungen miteinander vereinbar sind und welche Möglichkeiten für Sie in sexueller Hinsicht bestehen.

Etablieren Sie ein Safe-Wort: Ein Safe-Wort ist ein vorher vereinbartes Wort-Signal, das verwendet wird, um anzuzeigen, dass eine sexuelle Aktivität gestoppt werden soll. Die Verwendung eines Safe-Worts kann dazu beitragen, dass beide Partner sich in intimen Situationen sicherer fühlen. Spricht jemand das Wort aus, wird die laufende Aktivität sofort gestoppt.

Liebe Gentlemen: eine offene Kommunikation über sexuelle Wünsche und das Setzen von Grenzen ist entscheidend für eine erfüllende Sexualität. Sie fördert Vertrauen, Respekt und Verständnis in Ihrer Beziehung und hilft, sexuelle Erfahrungen für Sie beide als Paar angenehmer und befriedigender zu gestalten. Wenn Sie offen über Ihre Wünsche, Bedürfnisse und Grenzen sprechen, können Sie Ihre Beziehung vertiefen und ein harmonischeres Sexualleben aufbauen. Wenn Sie mit Ihrer Partnerin über Grenzen gesprochen haben, sollten Sie das

Thema Sexualität und Sex mit dem Einverständnis Ihrer Partnerin regelmäßig in Ihren Alltag und Ihre Bezlehung einbauen.

Kapitel 03

Aktiv über Sex und Sexualität sprechen

Der Tipp mit dem regelmäßigen Sexgespräch

Ein regelmäßiges intimes Gespräch über Sex und Sexualität ist für Sie als Paar ein angenehmes Ereignis, wenn Sie es zu einem entspannten und vertrauensvollen Ritual werden lassen. Vereinbaren Sie dafür einen regelmäßigen Gesprächstermin mit Ihrer Partnerin und wählen Sie eine gemütliche und intime Umgebung, in der Sie sich beide wohlfühlen. Achten Sie darauf, dass Sie beide offen und ehrlich über ihre Wünsche, Ängste und Fantasien sprechen können. Aktives Zuhören und Einfühlungsvermögen sind bei diesem Gespräch ebenso wichtig wie der gegenseitige Respekt vor den Gefühlen und Grenzen des anderen. Fördern Sie eine positive Atmosphäre, indem Sie sich gegenseitig Komplimente machen, Erfolge feiern und gemeinsam lachen. Durch eine offene Kommunikation über Sexualität und sexuelle Themen können Sie als Paar eine tiefere emotionale Bindung aufbauen und das sexuelle Erleben bereichern. Sie bekommen gleichzeitig mehr Lust und

Energie in emotionaler Hinsicht aufeinander. Was sind die Grundgedanken hinter diesen Gesprächen?

Regelmäßig über Sexualität sprechen: Machen Sie offene Kommunikation zum Thema Sex und Intimität zu einem festen Bestandteil und zum Ritual in Ihrer Beziehung. Sprechen Sie regelmäßig über Ihre sexuellen Erfahrungen, Wünsche und Grenzen, um sicherzustellen, dass beide Partner auf dem Laufenden sind und auf die Bedürfnisse des anderen eingehen können. Etablieren Sie ein regelmäßiges Gespräch mit Ihrer Partnerin in einem angenehmen Rahmen. Es muss nicht unbedingt fest datiert sein, sollte aber regelmäßig stattfinden.

Tipp: Lassen Sie Ihre Partnerin immer zuerst sprechen! Konzentrieren Sie sich auf das jeweilige Thema und schweifen Sie nicht ab.

Offen für Veränderungen bleiben: Akzeptieren Sie, dass sich sexuelle Wünsche und Grenzen im Laufe der Zeit ändern können. Seien Sie bereit, Ihre Vorlieben und Bedenken im Laufe der Zeit anzupassen und neu zu bewerten.

Tipp: Probieren Sie Neues aus, seien Sie offen und hören Sie auf das, was Ihre Partnerin sich wünscht. Teilen Sie Ihrer Partnerin auch mit, was Sie sich wünschen!

Aus Erfahrungen lernen: Nutzen Sie Ihre gemeinsamen sexuellen Erfahrungen, um voneinander zu lernen und Ihre Kommunikation zu verbessern. Besprechen Sie, was gut funktioniert hat und was möglicherweise nicht so gut war, um eine bessere Abstimmung und ein tieferes Verständnis für die Bedürfnisse des anderen zu erreichen.

Tipp: Entschuldigen Sie sich und verzeihen Sie einander, wenn etwas schiefgelaufen ist. Ein „Tut mir leid, bitte verzeih mir." kostet Sie nichts! Legen Sie miteinander fest, was verändert wird.

Ressourcen nutzen: Wenn Sie Schwierigkeiten haben, offen über sexuelle Wünsche und Grenzen zu sprechen, können Sie Bücher, Artikel oder Ratgeber zu diesem Thema heranziehen. Sie können auch professionelle Hilfe in Anspruch nehmen, beispielsweise von einem Sexualtherapeuten oder Paarberater, der Ihnen bei der Verbesserung Ihrer Kommunikationsfähigkeiten helfen kann.

Tipp: Lernen Sie langsam und mit einfachen Mitteln, über Sexualität und Sex zu sprechen. Lesen Sie ein Buch oder einen Artikel im Internet und sprechen Sie darüber. Beginnen Sie mit Themen, über die Sie leicht sprechen können.

Die offene Kommunikation über sexuelle Wünsche und Grenzen ist ein kontinuierlicher Prozess, der Geduld und Übung erfordert. Nehmen Sie sich als Mann und Gentleman die Zeit, mit Ihrer Partnerin ehrlich und respektvoll über Sexualität und Sexualität zu sprechen. Fordern Sie Ihre Partnerin auf, das Gleiche mit Ihnen zu tun.

Tipp: Wenn Sie dies in einem entspannten und humorvollen Gespräch in einer angenehmen Atmosphäre tun, kann dies eine gute Gelegenheit sein, erste erotischen Fantasien Ihrer Partnerin anzusprechen.

Dazu eine Geschichte: Sophie und Paul waren schon seit einiger Zeit ein Paar und hatten beschlossen, ihren Beziehungsalltag mit einem romantischen Abendessen in einem gemütlichen, modernen Restaurant aufzupeppen. Sie hatten von dem Restaurant gehört, das für seine humorvollen Kellner und die entspannte Atmosphäre bekannt war, und waren neugierig, es selbst auszuprobieren. Bei Kerzenschein und sanfter Hintergrundmusik saßen sie an einem liebevoll gedeckten Tisch. Die Stimmung war heiter und angenehm, und Sophie bemerkte, dass der Raum von einer gewissen Leichtigkeit erfüllt war. Das Paar entschied sich für ein Glas Wein und stieß auf ihre Liebe an. Als die Vorspeise serviert wurde, begann Paul, von einer amüsanten Geschichte zu erzählen, die er von einem Arbeitskollegen gehört hatte. Die Geschichte handelte von einem Paar, das neue erotische Praktiken ausprobiert hatte, um ihre Beziehung aufzufrischen. Sophie lachte herzlich und war von dem Thema fasziniert. Während sie gemeinsam die Hauptgerichte genossen, begannen sie, sich offen und humorvoll über ihre eigenen sexuellen Erfahrungen auszutauschen. Paul erzählte von einer lustigen Anekdote, bei der sie in der Vergangenheit ein neues Spielzeug ausprobiert hatten, das nicht ganz so funktionierte, wie sie es sich vorgestellt hatten. Beide lachten herzlich, und die Erinnerung an das gemeinsame fehlgeschlagene sexuelle Abenteuer brachte sie einander näher.

Sophie hingegen teilte ihre Gedanken über eine neue erotische Praktik, von der sie kürzlich gelesen hatte, und fragte Paul, ob er daran interessiert wäre, es gemeinsam auszuprobieren. Paul, amüsiert und neugierig zugleich, stimmte zu und fragte Sophie, wie sie sich diese neue Erfahrung vorstellte. Sophie beschrieb lebhaft, wie sie sich beide in einer sinnlichen Massage verlieren würden, bei der sie abwechselnd die Kontrolle übernehmen und sich gegenseitig verwöhnen würden. Die Vorstellung dieser intimen Begegnung ließ sie beide erregt und gespannt auf den Rest des Abends werden. Während sie den Nachtisch genossen, der etwas länger auf sich warten ließ, flirteten Sophie und Paul verschmitzt und tauschten verheißungsvolle Blicke aus. Die entspannte Atmosphäre des Restaurants und das offene Gespräch über ihre sexuellen Erfahrungen und Wünsche hatten die Verbindung zwischen ihnen spürbar gestärkt. Es war, als hätten sie die ersten aufregenden Momente ihrer Beziehung wiederentdeckt, und sie waren bereit, gemeinsam neue erotische Horizonte zu erkunden. Als sie das Restaurant verließen, Hand in Hand und mit einem Glücksgefühl im Bauch, wussten Sophie und Paul, dass dieser Abend etwas Besonderes und noch nicht zu Ende war. Ihre offene Kommunikation zum Thema Sex und das humorvolle Ambiente hatten ihnen ermöglicht, ihre Beziehung wieder mal auf eine tiefere Ebene zu bringen und ihre Leidenschaft füreinander neu zu entfachen. Zuhause angekommen, zögerten sie nicht, ihre neu entdeckten Ideen in die Tat umzusetzen. Sie schufen ein verführerisches Ambiente, zündeten Kerzen an und legten sanfte Musik auf. Das Paar begann, sich gegenseitig zu massieren, und ließ sich ganz in den Moment fallen. Die Berührungen waren zärtlich, liebevoll und erotisch zugleich. Sie spürten, wie ihre Verbundenheit ganz ohne weiteres erotisches Hilfsmittel wuchs und ihre Lust und Leidenschaft zueinander wieder einmal ins Unermessliche stiegen.

Liebe Gentlemen: Wenn Sie nicht regelmäßig mit Ihrer Partnerin über Sexualität und Sexualität sprechen, wird das Thema in Vergessenheit geraten. Es liegt an Ihnen, ob Sie dem Thema in Ihrer Partnerschaft Gewicht geben wollen. Sie entscheiden zusammen mit Ihrer Partnerin, wohin die Reise gehen soll. Wenn es Ihnen persönlich wichtig ist und Ihrer Partnerin nicht, dann sprechen Sie darüber. Sie können auf jeden Fall herausfinden, wo das gemeinsame Interesse liegt und wie Sie als Paar damit umgehen können. In diesen Gesprächen und der sexuellen Verbindung zu Ihrer Partnerin kommt es auf Konsens und Respekt an. Erfahren Sie mehr dazu.

Guter Sex braucht Konsens und Respekt

Aus psychologischer Sicht bezeichnet Konsens das Einverständnis oder die Zustimmung zweier oder mehrerer Personen zu einer bestimmten Handlung, Entscheidung oder Situation. Im Kontext von Sexualität und Beziehung bedeutet dies, dass die beteiligten Partner freiwillig, informiert und ausdrücklich einer bestimmten sexuellen Aktivität zustimmen. Es muss ein gegenseitiges Einverständnis bestehen und die Erwartungen müssen übereinstimmen. Dies gilt nicht nur für den Geschlechtsverkehr und den Sex an sich, sondern auch für

Gespräche über Sexualität und andere intime Momente. Konsens basiert auf verschiedenen psychologischen Faktoren, die für eine gesunde Kommunikation und Interaktion notwendig sind:

Autonomie: Jeder von Ihnen beiden hat das Recht, selbstbestimmte Entscheidungen über den Körper und die Handlungen zu treffen. Konsens stellt sicher, dass die Autonomie jedes Einzelnen respektiert wird.

Tipp: Niemand darf zu etwas gedrängt oder gezwungen werden. Achten Sie darauf, dass Sie sich gegenseitig Ihr Einverständnis geben.

Kommunikation: Offene und ehrliche Kommunikation ist entscheidend für das Erreichen von Konsens. Sie beide sollten ihre Wünsche, Bedenken und Grenzen klar ausdrücken und auf die Bedürfnisse des anderen eingehen.

Tipp: Nehmen Sie kein Blatt vor den Mund und sprechen Sie darüber, wie es geht. Formulieren Sie „Ich-Botschaften" ohne Schuldzuweisungen!

Vertrauen: Konsens erfordert Vertrauen zwischen den Partnern. Dies bedeutet, dass Sie sich als Partner gegenseitig respektieren, ehrlich miteinander umgehen und einander im persönlichen Wohlbefinden unterstützen.

Tipp: Sagen Sie immer, was Sie gut finden! Machen Sie ehrlich gemeinte Komplimente.

Wissen: Um informierte Entscheidungen zu treffen, müssen Sie beide über die möglichen Konsequenzen und Risiken einer sexuellen Aktivität informiert sein. Dies beinhaltet das Verständnis von Verhütung, sexuell übertragbaren Infektionen (STD) und möglichen emotionalen Auswirkungen.

Tipp: Informieren Sie sich sofort, wenn Sie etwas nicht wissen und schaffen Sie Klarheit. Halten Sie ihre Grenzen ein!

Liebe Gentlemen: Sexualität im Konsens zu Leben ist ein kontinuierlicher Prozess, der auf Vertrauen, offener Kommunikation und gegenseitigem Respekt beruht. Dies ist ein grundlegender Aspekt gesunder sexueller Beziehungen und trägt dazu bei, das Wohlbefinden und die Zufriedenheit beider Partner zu fördern. Konsens und Respekt sorgen dafür, dass sich beide Partner in der Beziehung wertgeschätzt und sicher fühlen, und ermöglichen eine tiefere emotionale Bindung. Lernen Sie, was passiert, wenn diese Faktoren gegeben sind, was passiert, wenn diese Faktoren fehlen, und wie Sie damit in der Praxis umgehen können. Woran erkennen Sie, ob es Konsens und Respekt in Ihrer Beziehung in Bezug auf Sex und Sexualität gibt?

Wenn Konsens und Respekt in einer Beziehung vorhanden sind, fühlen Sie und Ihre Partnerin sich wohl und können sexuelle Wünsche und Bedürfnisse offen teilen. Dies führt zu mehr Zufriedenheit und Intimität auf emotionaler und körperlicher Ebene. Sie sind in der Lage, die Grenzen des anderen zu respektieren und gemeinsam an der Erfüllung sexueller Wünsche zu arbeiten. Das zeigt sich auch durch regelmäßige sexuelle Aktivität und intime Momente, die beiden Spaß machen.

Ein Mangel an Konsens und Respekt in der Sexualität kann zu Unbehagen, Unzufriedenheit und im schlimmsten Fall zu Missbrauch oder Trauma führen. Ohne Konsens und Respekt können Sie und Ihre Partnerin sich unsicher, ausgenutzt oder missverstanden fühlen, was zu einer Verschlechterung der Beziehung und zum Verlust der sexuellen Befriedigung führen kann. Dies kann sich darin äußern, dass Sie keinen Sex mehr haben, keinen Sex mehr haben wollen oder sich nicht mehr ohne Zwang, Unbehagen oder Unzufriedenheit intim nähern können.

Um Konsens und Respekt in der Sexualität zu gewährleisten, ist es wichtig, offen und ehrlich über Ihre Bedürfnisse, Wünsche und Grenzen zu sprechen. Achten Sie darauf, gegenseitig auf die Gefühle des Partners einzugehen und die Zustimmung einzuholen, bevor Sie sexuelle Aktivitäten ausprobieren. Stellen Sie sicher, dass Sie ein offenes Ohr für die Bedenken Ihrer Partnerin haben und bereit sind, Kompromisse einzugehen, um die Bedürfnisse beider Partner zu erfüllen. Wenn Sie nur auf Ihre eigenen Bedürfnisse achten, läuft etwas in dieser Hinsicht bei Ihnen schief. Kompromisse einzugehen, ist ein ausgezeichneter Weg, um sich sexuell näher zu kommen.

Ein Mann, der als Gentleman agiert, wird stets auf Konsens und Respekt in der Sexualität achten. Er wird darauf bedacht sein, die Wünsche und Grenzen seiner Partnerin zu respektieren und sich ihrer Gefühle und Bedenken bewusst zu sein. Ein Gentleman wird offen für Kommunikation sein und aktiv zuhören, um sicherzustellen, dass er die Bedürfnisse seiner Partnerin versteht. Er wird darauf achten, seine Partnerin niemals unter Druck zu setzen oder zu überreden, etwas zu tun, das sie nicht möchte, und wird immer nach ihrer Zustimmung fragen, bevor er neue sexuelle Praktiken vorschlägt.

Konsens und Respekt sind in der Sexualität für das Wohlbefinden Ihrer Partnerin und die Qualität Ihrer Beziehung von entscheidender Bedeutung. Wie man das vielleicht lieber nicht machen sollte, erzählt die kurze Geschichte von Max:

Max und Anna waren seit einigen Jahren zusammen und teilten viele glückliche Momente miteinander. Obwohl sie einander sehr mochten, gab es ein Problem, das die Beziehung belastete: Max hatte Schwierigkeiten, auf die Bedürfnisse von Anna einzugehen und nahm ihre Wünsche in Bezug auf Sexualität nicht ernst. Max hatte in der Vergangenheit einige falsche Erfahrungen gemacht, die sein Verständnis von Sexualität und Intimität verzerrt hatten. Er hatte sich auf die Befriedigung seiner eigenen Bedürfnisse konzentriert und die Wünsche und Gefühle seiner Partnerinnen vernachlässigt. Anna hoffte, dass sie mit Geduld und Liebe Max dazu bringen könnte, empathischer und aufmerksamer zu werden. Eines Abends entschieden sie sich, gemeinsam einen romantischen

Filmabend zu verbringen. Doch während des Films versuchte Max, Anna zu intimen Handlungen zu drängen, obwohl sie klar gemacht hatte, dass sie sich unwohl fühlte und lieber den Film genießen wollte. Max ignorierte ihre Wünsche und setzte seine eigenen Bedürfnisse über die von Anna. Anna fühlte sich verletzt und enttäuscht, da sie wiederholt das Gefühl hatte, dass Max ihre Grenzen nicht respektierte und keinen Konsens herstellte. Sie versuchte, ihm ihre Gefühle zu erklären, aber Max hörte nicht zu und verstand nicht, warum sie so reagierte. Auch bei weiteren Gelegenheiten ging Max nicht auf Anna ein und drängte Sie wieder und wieder zu intimen Zärtlichkeiten. Um Max nicht zu verletzen, ging Anna das ein oder andere Mal darauf ein, merkte aber, dass es ihre Lust, mit Max intim zu sein, zunichte machte. Nach langem Zögern entschied Anna, dass sie zum Selbstschutz die Beziehung beenden musste. Obwohl sie Max als Mensch immer noch sehr mochte, erkannte sie, dass sie in einer Beziehung sein musste, in der ihre Bedürfnisse respektiert und gehört wurden. Anna teilte Max ihre Entscheidung mit und erklärte, dass sie sich nicht länger in einer Beziehung befinden könne, in der ihr Wohlbefinden und ihre Grenzen missachtet würden. Max war schockiert und traurig über Annas Entscheidung, aber er konnte immer noch nicht ganz verstehen, wie sein Verhalten ihre Beziehung zerstört hatte. Er fühlte sich verletzt und verwirrt, als Anna ihre Sachen packte und aus der gemeinsamen Wohnung auszog. In den folgenden Wochen und Monaten dachte Max viel über die gescheiterte Beziehung nach und begann langsam zu erkennen, dass sein Mangel an Empathie und Verständnis für Annas Bedürfnisse eine große Rolle dabei gespielt hatte, sie zu verlieren. Er beschloss, sich professionelle Hilfe zu suchen, um seine eigenen Probleme und Unsicherheiten anzugehen und zu lernen, wie man ein besserer, einfühlsamerer Partner sein kann. Währenddessen begann auch Anna, ihr Leben ohne Max wieder aufzubauen. Sie vermisste ihn zwar immer noch, aber sie wusste, dass sie die richtige Entscheidung getroffen hatte, um sich selbst zu schützen und ihr Wohlbefinden zu fördern. An eine Rückkehr zu Max dachte sie nicht mehr, da Max sie ohne Konsens und Respekt zutiefst verletzt hatte.

Um eine Atmosphäre von Konsens und Respekt bei sexuellen Annäherungen und beim Sex herzustellen, sind folgende Tipps und Verhaltensweisen in einer liebevollen und gleichberechtigten Beziehung von existenzieller Bedeutung:

Achten Sie auf persönliche Hygiene: Sorgen Sie dafür, dass Sie sauber und gepflegt sind, bevor Sie sich Ihrer Partnerin nähern. Ein frischer Atem, saubere Hände und ein angenehmer Körpergeruch sind wichtig, um Ihre Partnerin auf körperlicher Ebene wohlzufühlen.

Gestalten Sie die Umgebung gemütlich: Sorgen Sie für eine entspannte und angenehme Atmosphäre. Das kann zum Beispiel durch gedimmtes Licht, Duftkerzen oder sanfte Musik erreicht werden.

Seien Sie aufmerksam: Achten Sie auf die nonverbalen Signale Ihrer Partnerin. Wenn sie sich unwohl fühlt oder

Schmerzen hat, sollten Sie darauf eingehen und gegebenenfalls Ihr Vorgehen anpassen. Fragen Sie nach.

Ausgiebiges Vorspiel: Nehmen Sie sich Zeit für ein ausgiebiges Vorspiel. Küssen, streicheln und berühren Sie Ihre Partnerin an verschiedenen Körperstellen. Finden Sie heraus, welche Berührungen sie besonders genießt und welche Stellen ihres Körpers besonders empfindlich sind:

Kommunikation: Sprechen Sie mit Ihrer Partnerin darüber, was ihr gefällt und was nicht. Fragen Sie sie, ob sie bestimmte Wünsche oder Vorlieben hat. Offene Kommunikation hilft dabei, die Bedürfnisse des anderen besser zu verstehen und die gemeinsame Erfahrung zu verbessern.

Seien Sie geduldig und einfühlsam: Geben Sie Ihrer Partnerin Zeit, sich auf die körperliche Intimität einzustellen. Versuchen Sie nicht, sie zu überstürzen oder zu drängen, wenn sie sich noch nicht bereit fühlt.

Experimentieren Sie vorsichtig: Seien Sie offen für neue Erfahrungen und Praktiken, solange sie von beiden Partnern gewünscht und einvernehmlich sind. Achten Sie darauf, dass Sie dabei stets respektvoll und achtsam mit Ihrer Partnerin umgehen.

Zeigen Sie Zärtlichkeit und Wertschätzung: Geben Sie Ihrer Partnerin das Gefühl, dass sie begehrt und geliebt wird, auch außerhalb des Schlafzimmers. Zeigen Sie ihr durch Umarmungen, Küsse und liebevolle Worte, wie wichtig sie Ihnen ist.

Postkoitale Zärtlichkeit: Schenken Sie Ihrer Partnerin auch nach dem Sex Aufmerksamkeit und Geborgenheit. Kuscheln Sie miteinander, reden Sie über Ihre Gefühle und genießen Sie die gemeinsame Zeit. Was danach kommt, ist von großer Bedeutung für die freudige Erwartung auf das nächste Mal.

Lernen und wachsen: Verstehen Sie, dass die sexuelle Beziehung eines Paares eine sich ständig weiterentwickelnde Dynamik ist. Bleiben Sie offen für Veränderungen und sprechen Sie ehrlich über Ihre Vorlieben, Gefühle und Stimmungen.

Neben der Gesprächsbereitschaft und -fähigkeit mit Konsens und Respekt gibt es weitere Komponenten, die den Mix erfolgreicher sexueller Kommunikation geschmackvoll abrunden. Dazu gehören Offenheit und Ehrlichkeit. Wenn Sie Ihren Partner anlügen oder wichtige Dinge verschweigen, bauen Sie kein Vertrauen auf. Das geht fast immer schief.

Offenheit und Ehrlichkeit: Basis für gute Sexualität

Offenheit und Ehrlichkeit spielen eine entscheidende Rolle, um die Intimität zwischen Ihnen und Ihrer Partnerin zu vertiefen und Ihr gemeinsames sexuelles Erleben zu bereichern.

Offenheit und Ehrlichkeit sind grundlegende Voraussetzungen für eine erfüllte Sexualität, weil sie Vertrauen und ein tiefes Verständnis zwischen Ihnen und Ihrer Partnerin fördern. Sie ermöglichen es Ihnen, Ihre Bedürfnisse, Wünsche und Grenzen klar zu kommunizieren und auf die Ihrer Partnerin einzugehen. Wenn Sie offen und ehrlich miteinander umgehen, können Sie Missverständnisse vermeiden und sicherstellen, dass beide Partner sich wohlfühlen und zufrieden sind.

Offenheit und Ehrlichkeit in der Sexualität sind eng mit den psychologischen Konzepten von Sicherheit, Autonomie und Empathie verbunden. Indem Sie offen und ehrlich über Ihre sexuellen Wünsche und Bedenken sprechen, schaffen Sie eine Atmosphäre der Sicherheit und des Vertrauens, in der sich beide Partner frei und selbstbewusst fühlen.

Autonomie entsteht, wenn beide Partner ihre Bedürfnisse und Wünsche äußern und Entscheidungen gemeinsam treffen, was zu einer erhöhten Zufriedenheit beider Partner führt.

Empathie ermöglicht es Ihnen, sich in die Lage Ihrer Partnerin zu versetzen und auf ihre Gefühle und Bedürfnisse einzugehen, was die emotionale Intimität und Verbundenheit fördert.

Liebe Gentlemen: Auch wenn sich das eine oder andere hier zu wiederholen scheint, tun Sie gut daran, die Dinge noch einmal für sich durchzudenken, damit sie besser im Gedächtnis bleiben:

Schaffen Sie immer eine sichere Umgebung: Sorgen Sie dafür, dass Ihre Partnerin sich in Ihrer Gegenwart wohl und sicher fühlt, um offen über ihre sexuellen Wünsche und Bedenken zu sprechen. Zeigen Sie Verständnis und akzeptieren Sie ihre Gefühle ohne Wertung.

Kommunizieren Sie Ihre Bedürfnisse: Teilen Sie die eigenen sexuellen Wünsche und Vorlieben mit Ihrer Partnerin und ermutigen Sie sie, dasselbe zu tun. Seien Sie dabei ehrlich und respektvoll.

Hören Sie aktiv zu: Wenn Ihre Partnerin über ihre Bedürfnisse und Wünsche spricht, hören Sie aufmerksam zu und zeigen Sie Empathie. Versuchen Sie, ihre Perspektive zu verstehen und nehmen Sie ihre Gefühle ernst.

Üben Sie Konsens: Stellen Sie sicher, dass Sie und Ihre Partnerin in jeder sexuellen Situation übereinstimmen und dass die Grenzen beider Partner respektiert werden. Achten Sie auf verbale und nonverbale Signale und fragen Sie nach, wenn Sie unsicher sind.

Passen Sie sich an und reflektieren Sie: Sprechen Sie regelmäßig über Ihre sexuellen Erfahrungen und fragen Sie nach dem Wohlbefinden Ihrer Partnerin. Seien Sie offen für Veränderungen und bereit, Ihre Herangehensweise anzupassen, um die Bedürfnisse beider Partner zu erfüllen.

Wenn Sie ein eher stiller und zurückhaltender Mann sind und Ihre Partnerin in Sachen Sexualität und Sex eher die treibende Kraft in Ihrer Beziehung ist, können Sie die Tipps und Anregungen natürlich auch umgekehrt anwenden. Wenn Sie das Gefühl haben, dass Ihre Partnerin Fehler macht oder nicht auf Ihre Bedürfnisse als Mann eingeht, bitten Sie Ihre Partnerin, darüber nachzudenken. Vielleicht mit Hilfe dieses Buches.

Fragen zur Sexualität: vor, bei und nach dem Sex

Offenheit und Ehrlichkeit in der Sexualität tragen also dazu bei, dass sich Ihre Partnerin geschätzt, respektiert und verstanden fühlt. Sie wird eher bereit sein, ihre eigenen Bedürfnisse und Wünsche mit Ihnen zu teilen und sich automatisch auch auf Ihre Bedürfnisse einstellen. In der Praxis bedeutet das für Sie als Mann und Gentleman, die richtigen Fragen zu stellen. Welche Fragen sind das? Welche Fragen eignen sich am besten? Wie können Sie Offenheit und Ehrlichkeit beim Sex und Sexualität unterstützen?

Bitte beachten Sie, dass Sie die folgenden Fragen nicht stellen müssen, wenn Sie gerade den gemeinsamen Moment genießen. Schauen Sie, was in diesem Moment angemessen ist. Manchmal ist es gut, einfach alles fließen zu lassen. Zu viel reden, während man „dabei" ist, kann den Moment „zerreden" und die Atmosphäre abkühlen.

Vor dem Sex

Sprechen Sie mit Ihrer Partnerin darüber, welche sexuellen Aktivitäten ihr Spaß machen und welche sie eher vermeiden möchte. Fragen Sie auch nach ihren Grenzen und achten Sie darauf, diese zu respektieren. Hören Sie zu und nehmen Sie ihre Antworten ernst. Fragen Sie:

„Welche Art von Berührungen oder Küssen erregen dich am meisten und geben dir gleichzeitig Geborgenheit?"

„Hast du bestimmte Fantasien oder Ideen, die du mit mir in einer entspannten und erregenden Atmosphäre ausprobieren möchtest?"

"Gibt es Musik, Düfte oder eine bestimmte Umgebung, die dir helfen, dich offen und bereit für Intimität zu fühlen?"

„Wie kann ich dir auf angenehme Weise zeigen, dass ich dich begehre, bevor wir uns näherkommen?" „Was macht dich besonders an?"

„Wie können wir gemeinsam eine offene und ehrliche Atmosphäre beim Sex schaffen, in der wir uns gegenseitig unsere Wünsche und Sorgen mitteilen können?"

„Wärst du dazu bereit, etwas Neues mit mir auszuprobieren?" „Wenn ja, was kannst du dir für uns vorstellen?"

Während des Sex

Achten Sie auf die Reaktionen Ihrer Partnerin und vergewissern Sie sich, dass sie sich wohl fühlt. Fragen Sie, ob sie etwas Bestimmtes möchte oder ob es ihr gut geht, und passen Sie Ihr Verhalten entsprechend an.

„Geht es dir gut?", „Bist du jetzt zufrieden und entspannt?", „Was kann ich tun, damit es dir noch besser geht?"

„Möchtest du, dass ich langsamer oder sanfter werde, um dir mehr Sicherheit und Verbundenheit zu geben?", „Welches Tempo ist für dich angenehm?"

„Welche Worte oder Gesten geben dir das Gefühl, dass unser Moment echt und tief ist?", „Was gefällt dir besonders, was erregt dich, was stellst du dir in deiner Fantasie vor?"

„Soll ich den Moment durch liebevolle Komplimente oder zärtliche Berührungen intensivieren, während wir uns körperlich näherkommen?", „Was würde dir noch besser gefallen?"

„Wie kann ich dir am besten zeigen, dass mir unsere Nähe und Liebe genauso wichtig sind wie die körperliche Befriedigung, wenn wir intim sind?", „Woran merke ich, dass du mich besonders begehrst?"

Nach dem Sex

Sprechen Sie mit Ihrer Partnerin über das gemeinsame sexuelle Erlebnis und fragen Sie sie, was ihr besonders gefallen hat und was sie vielleicht anders machen möchte. Nutzen Sie diese Informationen, um Ihre zukünftigen intimen Begegnungen zu verbessern.

"Welche Momente haben dir besonders gut gefallen und dich emotional und körperlich berührt?

„Gibt es etwas, das wir beim nächsten Mal ausprobieren oder anders machen könnten, damit es noch aufregender und romantischer wird?"

„Fühlst du dich geliebt und begehrt, nachdem wir so nah beieinander waren?", „Wie kann ich dieses Gefühl noch verstärken?"

„Wie können wir unser schönes Erlebnis noch besser in unseren Alltag integrieren und so unsere Beziehung vertiefen?"

„Möchtest du deine Gedanken, Gefühle oder Emotionen über das, was wir zusammen erlebt haben, mit mir teilen, damit wir gemeinsam wachsen und uns noch besser kennen lernen können?"

Es mag Ihnen als Mann vielleicht peinlich und ungewohnt erscheinen, solche Fragen vor, während und nach dem Sex zu stellen. Aber probieren Sie es aus. Frauen mögen es, wenn Sie als Mann auf diese Weise erst einmal in die Kommunikation einsteigen und so mit gezielten Fragen auf ihre Bedürfnisse und Wünsche eingehen. Passen Sie jedoch auch auf, dass Sie nicht dem Moment zerreden. Die richtige Dosierung ist wichtig. Wenn Sie unsicher sind, erklären Sie Ihrer Partnerin einfach, was Sie vorhaben und zeigen Sie ihr, dass es Ihnen gefällt, wenn Sie sich zärtlich küssen und körperlich näherkommen. So könnten Sie mit Aussagen und einer weiteren Frage dazu einsteigen:

„Ich finde es schön, so mit dir zusammen zu sein", „Bevor wir weitere Zärtlichkeiten austauschen, möchte ich mit dir darüber sprechen, was dir gefällt und was dir guttun könnte", „Ist das für dich in Ordnung und darf ich dich dabei weiter küssen und streicheln?".

Liebe Gentlemen: Solche Fragen öffnen das Herz einer Frau und sie fühlt sich besser verstanden. Wie Sie damit umgehen, hängt natürlich von der Situation ab und sollte die Romantik der Situation nicht zerstören. Wenn Sie solche oder ähnlich positive Fragen angemessen in den Moment integrieren, werden Sie bei Ihrer Partnerin offene Türen einrennen.

Wenn die nonverbalen Signale Ihrer Partnerin zeigen, dass es ihr gut geht, stellen Sie die Fragen lieber später. In einem schönen intimen Moment ist es viel besser, einfach so weiterzumachen wie bisher. Wenn Sie aber merken, dass etwas nIcht stImmt, fragen SIe sofort nach.

Wenn Sie zu Beginn einer Beziehung in intimen Momenten mit Ihrer Partnerin nicht alles richtig machen, ist das nicht schlimm, wenn Sie offen darüber sprechen und einfühlsam nachfragen. Ihre Partnerin wird Ihnen das nicht übelnehmen, denn sie ist ja freiwillig mit Ihnen intim. Im Gegenteil, sie wird Ihr einfühlsames Verhalten zu schätzen wissen und sich danach viel sicherer fühlen.

Im Gegenzug wird sie Sie wahrscheinlich auch nach Ihren Wünschen, Bedürfnissen und Gefühlen als Mann fragen. Sprechen Sie offen darüber und sagen Sie natürlich auch, was Ihnen gefällt oder nicht gefällt. Wichtig ist, dass Sie zuerst auf die Frau zugehen, bevor Sie von sich erzählen. Offenheit und Ehrlichkeit sind die Basis für eine erfüllte Sexualität und guten, einvernehmlichen Sex. Indem Sie die richtigen Fragen in Ihre Beziehung und Ihre intimen Momente integrieren, schaffen Sie eine tiefe emotionale Verbindung und erfüllende sexuelle Erlebnisse für sich und Ihre Partnerin.

Seien Sie als Mann und Gentleman immer offen, ehrlich und einfühlsam, um das Beste aus Ihrer Partnerschaft und Ihrem gemeinsamen Liebesspiel herauszuholen.

Kapitel 04

Sex mit Selbstbewusstsein und Selbstwertgefühl

Selbstbewusstein und Selbstwertgefühl beim Sex

„Sexualität und Sex ohne Selbstbewusstsein und Selbstwertgefühl sind für eine Frau wie ein elegantes Paar Schuhe ohne Absätze – sie mögen zwar gut aussehen, aber das gewisse Etwas, das sie zum Strahlen bringt, fehlt.“

„Sexualität und Sex ohne Selbstbewusstsein und Selbstwertgefühl sind für einen Mann wie eine edle Flasche Wein, die nie geöffnet wird – die Qualität mag außerordentlich sein, doch ohne das nötige Selbstvertrauen bleibt der wahre Geschmack verborgen.“

Selbstbewusstsein und Selbstwertgefühl sind psychologische Konzepte, die eng miteinander verbunden sind, aber unterschiedliche Aspekte der Selbstwahrnehmung darstellen. Selbstbewusstsein bezieht sich auf das Wissen und Verständnis der eigenen Fähigkeiten, Eigenschaften, Schwächen und

Stärken. Es ist die Fähigkeit, die eigenen Gedanken, Gefühle und Handlungen zu verstehen und zu reflektieren. Man ist sich seiner Fähigkeiten selbst bewusst. Selbstwertgefühl hingegen bezieht sich auf die Einschätzung, die man von sich selbst hat, und die daraus resultierenden Gefühle von Selbstachtung und Selbstliebe. Ein hohes Selbstwertgefühl bedeutet, dass man sich selbst positiv bewertet und sich für wertvoll, kompetent und liebenswert hält. Man erkennt selbst seinen Wert.

Selbstbewusstsein und Selbstwertgefühl spielen eine wichtige Rolle beim Sex und in der Sexualität, da sie das Wohlbefinden, die sexuelle Erfahrung und die Beziehung zu einem Partner positiv oder negativ beeinflussen können.

Ein gutes Selbstwertgefühl kann dazu führen, dass man sich in seiner Sexualität wohler fühlt und mehr Freude und Befriedigung beim Sex empfindet. Ein gesundes Selbstwertgefühl kann dazu beitragen, sich beim Sex geliebt, geschätzt und respektiert zu fühlen. Ein geringes Selbstwertgefühl führt dazu, dass sich eine Person aus Angst vor Versagen zurückhält und nicht aus sich herausgeht oder sich nicht traut.

Im Allgemeinen neigen Männer dazu, mehr Selbstvertrauen in ihre sexuellen Fähigkeiten zu haben, während Frauen mehr Wert auf emotionale Intimität und Selbstachtung legen. Es ist jedoch wichtig zu betonen, dass es sich hierbei nicht um feste Regeln handelt und dass es große individuelle Unterschiede gibt.

Unterschiede in der Wahrnehmung und Kommunikation können sowohl auf individuellen als auch auf geschlechtsspezifischen Faktoren beruhen.

Männer und Frauen kommunizieren in der Regel unterschiedlich über ihre sexuellen Bedürfnisse, Vorlieben und Grenzen. Eine erfüllende und liebevolle Sexualität, die auf gegenseitigem Respekt, Vertrauen und guter Kommunikation basiert, ist wichtig für guten und befriedigenden Sex. Ein gesundes Selbstbewusstsein und Selbstwertgefühl gehört dazu und trägt dazu bei, dass sich beide Partner beim Sex wohler fühlen und ihre Bedürfnisse und Wünsche offen ausdrücken können.

Selbstbewusstsein und Selbstwertgefühl steigern

Liebe Gentlemen: Um Selbstbewusstsein und Selbstwertgefühl beim Sex zu steigern, ist es wichtig, dass Sie als Paar offen und ehrlich miteinander kommunizieren. Sprechen Sie mit Ihrer Partnerin über Ihre Wünsche, Bedenken, Ängste und Fantasien. Fragen Sie Ihre Partnerin, was ihr am meisten gefällt, wenn Sie intim sind, und ob es etwas gibt, das sie gerne ausprobieren möchte. Ebenso ist es wichtig, Ihre Gefühle während des Geschlechtsverkehrs zu teilen. Sprechen Sie dabei auch als Mann über Ihre Gefühle!

Akzeptieren Sie den Körper Ihrer Partnerin so, wie er ist, und ermutigen Sie Ihre Partnerin, dies auch für sich zu tun. Selbstakzeptanz hilft, ein positives Selbstbild zu entwickeln und

Selbstvertrauen aufzubauen. Fragen Sie Ihre Partnerin, was sie über ihren Körper denkt, und teilen Sie Ihre eigenen Gedanken dazu mit. Machen Sie Ihrer Partnerin ehrliche Komplimente zu Körperteilen, die Ihnen besonders gut gefallen. Sprechen Sie mit Ihrer Partnerin darüber, was Sie an ihr besonders sexy finden. Bauen Sie diese Komplimente in Ihr regelmäßiges Liebesspiel ein. Wiederholte Komplimente schaden nicht. Wiederholen Sie Komplimente, wenn Ihnen danach ist. Achten Sie aber darauf, dass diese Komplimente von Herzen kommen und ehrlich gemeint sind. Frauen sind da oft sehr sensibel.

Achten Sie darauf, dass Sie und Ihre Partnerin sich gegenseitig wertschätzen und unterstützen. Zeigen Sie Ihrer Partnerin, dass Sie sie attraktiv finden und bitten Sie sie, dies auch zu tun. Sprechen Sie über Ihre Stärken und Schwächen und darüber, wie Sie sich gegenseitig in normalen Alltagssituationen, aber auch in sexuellen Situationen stärken können. Erforschen Sie gemeinsam Ihre Sexualität, um herauszufinden, was Ihnen beiden Spaß macht und was nicht. Seien Sie offen für neue Erfahrungen und fragen Sie Ihre Partnerin, ob es bestimmte Fantasien oder Vorlieben gibt, die sie ausprobieren möchte.

Wenn Sie so vorgehen und Ihr Verhalten und Ihre Kommunikation regelmäßig verbessern, werden Sie als Mann und Gentleman stark davon profitieren, denn Ihre Partnerin wird mehr Vertrauen zu Ihnen haben, was sich in der Sexualität meist durch mehr Lust und mehr Leidenschaft ausdrückt.

Letztendlich ist es wichtig, sich gegenseitig zu respektieren und auf die Bedürfnisse und Grenzen des anderen einzugehen.

Indem Sie sich gegenseitig respektieren und aufeinander eingehen, schaffen Sie eine Atmosphäre des Vertrauens und der Sicherheit, die das Selbstbewusstsein und Selbstwertgefühl beim Sex und in intimen Momenten fördert. Lernen Sie erste Fragen kennen, mit denen Sie das Selbstwertgefühl und das Selbstvertrauen Ihrer Partnerin stärken können:

„Fühlst du dich wohl dabei?", „Gibt es etwas, das du nicht tun möchtest?"

"Was gefällt dir an deinem Körper am besten und wie fühlst du dich, wenn du ihn beim Sex präsentierst?"

„Welche sexuellen Aktivitäten machen dir am meisten Spaß und wie fühlst du dich dabei?"

„Gibt es bestimmte Komplimente oder bestätigende Worte, die du von mir hören möchtest, um dein Selbstwertgefühl zu stärken?"

„Was sind deine sexuellen Stärken und wie kannst du sie nutzen, um dein sexuelles Selbstvertrauen zu verbessern?"

„Wie fühlst du dich, wenn du beim Sex die Kontrolle übernimmst?", „Gibt es Situationen, in denen du dich dadurch selbstsicherer fühlen könntest?"

„Welche Art von Selbstfürsorge oder Vorbereitung hilft dir, dich selbstbewusster und wohler in deinem Körper zu fühlen?"

„Was sind deine sexuellen Fantasien und wie können sie dir helfen, dein Selbstwertgefühl zu stärken?"

„Wie fühlst du dich in Bezug auf die Kommunikation deiner Bedürfnisse und Wünsche in unseren intimen Momenten?"

„Gibt es Bereiche, in denen du deine Kommunikation verbessern könntest, um dein Selbstwertgefühl zu stärken?"

„Welche positiven Erfahrungen hattest du beim Sex und wie haben sie zu deinem Selbstwertgefühl beigetragen?"

„Welche Art von Berührungen oder Zärtlichkeiten helfen dir, dich in intimen Situationen sicherer und selbstbewusster zu fühlen?"

„Gibt es bestimmte Kleidungsstücke oder Accessoires, die dir helfen, dich sexuell sicherer und attraktiver zu fühlen?"

„Wie kannst du dein Selbstwertgefühl außerhalb des Schlafzimmers stärken, um auch beim Sex selbstbewusster zu sein?"

„Welche Erfolge oder Fortschritte hast du in Bezug auf deine Sexualität und dein Selbstwertgefühl gemacht und wie kannst du darauf aufbauen?"

Als Gentleman sollten Sie Ihre Partnerin auf diese Weise kennen lernen und ihr der beste Ratgeber in sexuellen und intimen Fragen sein. Zeigen Sie Ihrer Partnerin beim Liebesspiel, was Sie an ihr mögen, was Sie sexy finden und sprechen Sie darüber, dass Sie sie so mögen, wie sie ist.

Jede Form von Kritik ist gerade in intimen Momenten unangebracht und zerstört das Selbstwertgefühl. Wenn Sie etwas stört, sollten Sie es später ansprechen und einen anderen, passenderen Zeitpunkt dafür wählen. Eigene Wünsche und Vorstellungen können Sie aber immer erwähnen, wenn Sie mit Ich-Formulierungen arbeiten:

„Ich würde mir wünschen, dass ..."
„Ich würde mich freuen, wenn ..."
„Ich träume davon, dass ..."
„Ich habe den geheimen Wunsch ..."
„Ich fände es erregend, wenn ..."
„Ich fühle mich ..."
„Ich denke, dass..."
„Ich vermute, es ist ..."

„Ich halte das für ..."

Vermeiden Sie unter allen Umständen die Verwendung des „Du" zu Beginn eines Satzes in intimen Gesprächen. „Du bist ...", „Du hast ...", „Du sollst ..."oder „Du kannst ..." sind Formulierungen, die eher einen beschuldigenden Charakter haben. Auffordernde Formulierungen wie „Tu das ...", „Mach das ..." oder „Mach das so." sollten ebenfalls nur sehr sensibel eingesetzt werden.

WICHTIG: Ich-Botschaften sind immer der beste Weg.

Wie Sie Frauen im Körperbild unterstützen

Um als Gentleman Ihre Partnerin dabei zu unterstützen, ein gesünderes Körperbild zu entwickeln, ist es wichtig, ein realistisches Schönheitsideal zu fördern und zu vermitteln, so dass Vielfalt und Individualität auch für Ihre Partnerin attraktiv sind. Es geht darum, ein Umfeld zu schaffen, das Frauen und ihre Partnerin dazu ermutigt, ihre Stärken und Fähigkeiten zu erkennen und sich auf ihre inneren Werte zu besinnen, statt sich ausschließlich auf ihre äußere Erscheinung zu fixieren.

Ehrlich gemeinte Komplimente tragen dazu bei, das Selbstvertrauen und das Selbstwertgefühl Ihrer Partnerin und das von anderen Frauen zu stärken. Sprechen Sie darüber, was Ihnen innerlich und äußerlich gefällt und nicht darüber, was Ihnen nicht gefällt. Das wird Ihrer Partnerin gefallen, ihr

Selbstvertrauen stärken und Sie können im richtigen Moment ansprechen, was Sie sich für sich in der Beziehung wünschen, weil Ihre Partnerin Ihnen gerne und wohlwollend entgegenkommt.

Um sich inspirieren zu lassen, finden Sie hier einige schöne Formulierungen für Komplimente:

- Dein Lächeln ist ansteckend und erhellt jeden Raum.
- Deine Augen funkeln wie Sterne in der Nacht.
- Deine Haare sehen aus wie ein wunderschöner Wasserfall aus Seide.
- Deine natürliche Schönheit ist atemberaubend und einzigartig.
- Du hast die erstaunlichste Ausstrahlung, die ich je gesehen habe.
- Deine Lippen sind wie zarte Rosenblüten.
- Deine Haut ist so makellos, sie scheint zu leuchten.
- Deine Anmut und Eleganz sind bewundernswert.
- Wenn du lächelst, bringst du die Sonne zum Strahlen.
- Du siehst in jedem Outfit umwerfend aus.
- Deine Hände sind so zart und geschmeidig, wie die einer Künstlerin.
- Deine Wangen bekommen eine bezaubernde Röte, wenn du lächelst.
- Deine Wimpern sind wie Schmetterlingsflügel, die deine funkelnden Augen umrahmen.
- Deine Beine sind endlos und elegant wie die einer Gazelle.

- Deine Schultern sind sanft und anmutig, wie die Flügel eines Schmetterlings.
- Du hast die schönste Silhouette, die ich je gesehen habe.
- Dein Hals ist grazil und erinnert mich an eine schöne Schwanendame.
- Dein Duft ist betörend und erinnert mich an einen blühenden Garten.
- Dein Lachen ist wie Musik für meine Ohren und wärmt meine Seele.
- Deine Augenbrauen sind perfekt geschwungen und betonen deine ausdrucksstarken Augen.
- Du hast die Anmut einer Tänzerin, die durch das Leben schwebt.
- Deine Figur ist wie die einer Göttin, die auf die Erde herabgestiegen ist.
- Du siehst aus wie eine wunderschöne Skulptur, die zum Leben erwacht ist.

Einfache Komplimente passen immer

- Du siehst heute großartig aus.
- Ich liebe deinen Stil.
- Dein Lächeln macht meinen Tag besser.
- Du hast ein ansteckendes Lachen.
- Du strahlst Selbstbewusstsein aus.
- Deine Frisur steht dir wirklich gut.
- Du hast eine wunderbare Ausstrahlung.
- Deine Augen sind so ausdrucksstark.

- Du hast tatsächlich ein Gespür für Mode.
- Deine positive Energie ist ansteckend.
- Du siehst in diesem Outfit fantastisch aus.
- Deine Haut sieht so gesund und strahlend aus.
- Du trägst Schmuck mit Stil und Eleganz.
- Dein Lachen ist herzerwärmend.
- Du bist immer so gepflegt und stilvoll.
- Du hast ein bezauberndes Lächeln.
- Deine Augen leuchten vor Freude.
- Du bist einzigartig und besonders.
- Dein Lachen ist wie Musik für meine Ohren.
- Deine Stimme klingt so angenehm und warm.
- Du siehst so entspannt und glücklich aus.
- Deine Schuhe sind wirklich schick und passen zu dir.
- Dein Outfit unterstreicht deine Persönlichkeit.
- Du siehst frisch und strahlend aus.
- Du hast ein Händchen für Accessoires.
- Deine Frisur ist originell und kreativ.
- Du hast eine elegante Haltung.
- Deine Augen spiegeln deine Freundlichkeit wider.
- Deine sinnlichen Lippen sind unwiderstehlich.
- Du hast eine verführerische Ausstrahlung.
- Deine Kurven sind atemberaubend und betörend.
- Dein Blick hat etwas Magisches und Anziehendes.
- Dein Hals ist verführerisch und einladend.
- Du hast einen unwiderstehlich verlockenden Gang.
- Deine Berührungen sind elektrisierend.
- Dein Lächeln weckt tiefste Sehnsüchte.
- Deine Figur ist sinnlich und anmutig.

- Deine Stimme klingt so verführerisch und erotisch.
- Deine Blicke lassen mein Herz schneller schlagen.
- Deine Hände haben eine magische Wirkung auf mich.
- Deine Beine sind sinnlich und verführerisch.
- Deine Haare rahmen dein Gesicht auf eine unwiderstehliche Weise ein.
- Deine Schultern sind erotisch und einladend.
- Dein Duft weckt meine wildesten Fantasien.
- Deine Bewegungen sind anmutig und betörend.
- Deine Silhouette ist verführerisch und faszinierend.
- Du hast eine hypnotisierende Anziehungskraft.
- Deine Leidenschaft ist ansteckend und unwiderstehlich.

Sind Komplimente das Gegenteil von Manipulation?

Komplimente an Frauen oder Männer sind keine Manipulation, solange sie aufrichtig, respektvoll und wohlwollend gemeint sind. Komplimente können dazu beitragen, das Selbstwertgefühl einer Person zu stärken, positive Emotionen hervorzurufen und Beziehungen zu vertiefen. Es ist völlig normal, jemandem ein Kompliment zu machen, wenn man sein Aussehen, seine Fähigkeiten, seine Leistungen oder seine Qualitäten bewundert.

Manipulation hingegen bezeichnet die unehrliche oder unethische Beeinflussung des Verhaltens oder der Gefühle anderer Menschen, um eigene Ziele zu erreichen, oft auf Kosten der betroffenen Person. Manipulation ist negativ konnotiert und basiert auf Täuschung, Ausbeutung und Respektlosigkeit. Der Unterschied zwischen einem ehrlichen Kompliment und Manipulation liegt in der Absicht und der Art und Weise, wie das Kompliment gegeben wird.

Liebe Gentlemen: Wenn Sie einer Frau Komplimente machen wollen, kommt es auf die folgenden drei Aspekte an:

Aufrichtigkeit: Ein ehrliches Kompliment ist aufrichtig und basiert auf echter Wertschätzung der Person. Manipulation hingegen benutzt Komplimente, um die Person für eigene Zwecke zu beeinflussen oder zu kontrollieren.

Respekt: Ein echtes Kompliment zeigt Respekt und Anerkennung für die Person und ihre Qualitäten. Manipulation verletzt den Respekt gegenüber der Person, indem sie deren Gefühle und Bedürfnisse ignoriert oder ausnutzt.

Wohlwollen: Ein Kompliment sollte dem Wohlbefinden der Person dienen, indem es ihr Selbstwertgefühl stärkt oder positive Emotionen hervorruft. Manipulation hingegen dient in erster Linie den Interessen des Manipulators und kann negative Folgen für die betroffene Person haben.

Damit Komplimente nicht von Ihrer Partnerin oder anderen Menschen als Manipulation empfunden werden, sollten sie aufrichtig, respektvoll, wohlwollend, und ohne Erwartungen oder Hintergedanken gegeben werden. Seien Sie als

Gentleman immer ehrlich mit dem, was Sie sagen. Ganz besonders in intimen Momenten und bei Gesprächen über Sexualität.

Kapitel 05

Vorbereitung: Orgasmus und Erkenntnisse

Ihre Partnerin ist kein Sexobjekt

Frauen sind keine Sexobjekte, und Männer sollten sich vergegenwärtigen, dass diese Sichtweise historische und kulturelle Ursachen hat, die in vielen Gesellschaften tief verwurzelt ist. In der Vergangenheit wurden Frauen oft als Besitz des Mannes betrachtet, was ihre Autonomie und Selbstbestimmung einschränkte. Diese Sichtweise wurde durch patriarchalische Gesellschaftsstrukturen und religiöse Überzeugungen verstärkt. Auch Medien und Werbung haben dazu beigetragen, indem sie Frauen als sexuelle Objekte dargestellt haben.

Als Mann und Gentleman können Sie dazu beitragen, diese Sichtweise zu ändern.

- Versuchen Sie, die Perspektive von Frauen zu verstehen und nehmen Sie ihre Gefühle und Anliegen ernst.

- Informieren Sie sich aktiv über Geschlechterrollen, Sexismus und die negativen Auswirkungen der Objektifizierung von Frauen.
- Durch Bildung und Selbstreflexion können Sie Ihren Blickwinkel erweitern und ein besseres Verständnis für die Bedeutung von Gleichberechtigung und gegenseitigem Respekt entwickeln.
- Offene und ehrliche Kommunikation über Sexualität und Beziehungen ist wichtig. Seien Sie bereit, über Ihre eigenen Erwartungen und Befürchtungen zu sprechen, und schaffen Sie gleichzeitig Raum für Frauen, ihre eigenen Wünsche und Grenzen zu äußern.
- Zeigen Sie Respekt in Ihren Beziehungen und Interaktionen mit Frauen, sowohl verbal als auch nonverbal.
- Setzen Sie sich aktiv für die Gleichstellung der Geschlechter und die Förderung von Vielfalt in verschiedenen Lebensbereichen ein, sei es am Arbeitsplatz, in sozialen Gruppen oder in der Familie.
- Ermutigen Sie Frauen, ihre Meinungen und Ideen zu äußern und gleichberechtigte Beziehungen aufzubauen. Dies trägt dazu bei, dass Frauen nicht länger als Sexobjekte betrachtet werden.

Seien Sie sich des Medienkonsums bewusst und gehen Sie kritisch mit den Medien um, die Sie konsumieren. Entscheiden Sie sich dafür, Medieninhalte zu meiden, die Frauen als Sexobjekte darstellen, und unterstützen Sie stattdessen solche Inhalte, die ein realistisches und vielfältiges Bild von Frauen vermitteln. Spielen Sie als Gentleman auch eine wichtige

Rolle dabei, andere Männer und Ihre Söhne dazu anzuregen, ihre Sichtweise auf Frauen zu ändern. Stellen Sie sich gegen sexistisches Verhalten und Sprache in Ihrem Umfeld und seien Sie ein positives Vorbild für Respekt und Gleichberechtigung.

Obwohl wir in diesem Buch bereits einige wichtige Punkte näher betrachtet haben, werden Sie sich vielleicht fragen, was das mit Sexualität und erfüllendem Sex zu tun hat?

Ganz einfach. Mit einer solchen Gentleman-Attitüde rennt man bei Frauen offene Türen ein und lernt vielleicht gerade deshalb die richtige Frau und Partnerin fürs Leben kennen. Sie erinnern sich sicher noch an die Geschichte von Anna und David. Immer mehr aufgeschlossene und auch sexuell aktive Frauen suchen Männer, die eine moderne und liberale Einstellung zur Partnerschaft haben und Frauen mit Respekt begegnen, unabhängig von Kultur und Religion.

Aber kommen wir zu einem anderen Thema, liebe Gentlemen, dass sicher von großem Interesse sein dürfte.

Der Orgasmus

Das Thema Orgasmus ist aus mehreren Gründen spannend. Erstens ist der Orgasmus ein intensives körperliches und emotionales Erlebnis, das oft mit Vergnügen und Entspannung verbunden ist. Zweitens geht es um ein komplexes

Phänomen, das wissenschaftlich noch nicht vollständig verstanden ist, was Neugier und Forschungsinteresse weckt. Drittens kann der Orgasmus zur Stärkung der Bindung zwischen Partnern beitragen, indem er Intimität und Vertrauen fördert. Viertens ist der Orgasmus ein wichtiger Aspekt der sexuellen Gesundheit und Zufriedenheit, wobei das Streben nach dem Höhepunkt für viele Menschen ein zentrales Element ihrer Sexualität darstellt. Darüber hinaus ist der Orgasmus ein kulturell bedeutendes Thema, das in Kunst, Medien, Literatur und Film häufig aufgegriffen wird.

Sexuelle Unterschiede bei Sex und Orgasmus

Bevor wir den Orgasmus etwas besser beleuchten und darauf eingehen, wie man diesen praktisch verbessern kann, müssen wir uns noch mit den sexuellen Unterschieden zwischen Mann und Frau auseinandersetzen, die großen Einfluss auf das Bedürfnis nach Sex, nach Orgasmen und in Bezug auf die Orgasmusfähigkeit der Geschlechter haben. haben. Gewinnen Sie einen ersten Einblick:

Libido (Bedürfnis, sexuelle Lust zu empfinden): Obwohl es individuelle Unterschiede zwischen den Geschlechtern gibt, neigen Männer im Allgemeinen dazu, eine höhere Libido oder ein stärkeres sexuelles Verlangen zu haben als Frauen. Dies ist zum Teil auf die unterschiedlichen Hormonspiegel und die Physiologie von Männern und Frauen zurückzuführen. Testosteron, das bei Männern in größeren Mengen vorhanden ist, spielt eine entscheidende Rolle für die Libido. Bei Frauen kann die Libido während des Menstruationszyklus schwanken, wobei sie in der Regel um den Eisprung herum am höchsten ist.

Orgasmusgeschwindigkeit: Männer kommen im Allgemeinen leichter und schneller zum Orgasmus als Frauen. Männer haben in der Regel eine kürzere Erregungsphase, die zum Orgasmus führt, während Frauen oft eine längere Erregungsphase und mehr direkte Stimulation benötigen, um zum Orgasmus zu kommen. Frauen haben auch die Fähigkeit, mehrere Orgasmen zu erleben, während die meisten Männer nach einem Orgasmus eine Erholungsphase (Refraktärzeit) durchlaufen, in der sie vorübergehend keinen weiteren Orgasmus erreichen können. Frauen nehmen Orgasmen häufig viel intensiver wahr und sind deshalb meist entspannter, wenn es um das nächste Mal geht. Sexuell aktive Männer sind nach kurzer Refraktärzeit schnell wieder aktiv oder scharf.

Kommunikation und emotionale Intimität: Frauen legen in der Sexualität häufig mehr Wert auf emotionale Intimität und Kommunikation. Eine vertrauensvolle und sichere Beziehung kann für Frauen entscheidend sein, um sich sexuell erregt und entspannt zu fühlen. Männer hingegen reagieren eher auf visuelle und körperliche Reize.

Liebe Männer: Was das für Ihren Orgasmus und Ihre Sexualität als Paar bedeutet, ist eigentlich klar, wird aber in der Praxis oft vernachlässigt. Wenn Sie für sich als Mann und für Ihre Paarbeziehung mehr herausholen wollen als die schnelle einseitige oder gegenseitige Befriedigung, gibt es vier Ansätze, die nachweislich und praktisch Erfolg versprechen:

1. Offene Kommunikation: Die offene Kommunikation über sexuelle Bedürfnisse, Wünsche und Grenzen ist für Sie als Paar entscheidend, um Ihre unterschiedlichen Bedürfnisse und Erwartungen in Einklang zu bringen. Dies kann nicht oft genug betont werden. Sie sollten beide ehrlich über Ihre sexuellen Vorlieben und Unzulänglichkeiten sprechen und aktiv zuhören, wenn der andere Partner seine Gefühle und Wünsche äußert. Wenn Wünsche geäußert werden, wäre es wünschenswert, dass Sie als Partner auch Freude daran haben, diese zu erfüllen. Leider ist dies nicht immer der Fall, z.B. wenn wenig Bereitschaft besteht, sich dem Partner oder der Partnerin gegenüber zu öffnen und Neues auszuprobieren.

2. Einfühlungsvermögen und Verständnis: Da Männer und Frauen unterschiedliche Bedürfnisse und Wege zum Orgasmus haben, ist es wichtig, einfühlsam und verständnisvoll gegenüber den Bedürfnissen des Partners zu sein. Männer sollten sich bemühen, die sexuellen Bedürfnisse ihrer Partnerin zu erkennen und ihr die Zeit und Stimulation zu geben, die sie braucht, um den Orgasmus zu erreichen. Frauen sollten sich ihrerseits bewusst sein, dass Männer möglicherweise eine kürzere Erregungsphase haben und unterschiedliche Stimulationen bevorzugen. Sich hier auf bestimmte Spielarten einzugrenzen, macht wenig Sinn. Es kommt darauf an, dass Sie sich liebevoll auf das einlassen, was Ihrer Partnerin guttut und gefällt.

3. Gemeinsame Erkundung: Paare können ihre sexuelle Beziehung stärken, indem sie gemeinsam verschiedene sexuelle Aktivitäten, Techniken und Fantasien erkunden. Durch gegenseitiges Entdecken können Paare besser verstehen, was jedem Partner gefällt und wie sie gemeinsam erfüllende sexuelle Erlebnisse schaffen können. Mit zunehmender Vertrautheit können neue Spielarten, die vorher vielleicht ausgeschlossen waren, als bereichernd empfunden werden.

4. Fokus auf emotionale Intimität: Die Stärkung der emotionalen Bindung zwischen Ihnen und Ihrer Partnerin kann dazu beitragen, die sexuelle Erfahrung für Sie beide erfüllender zu gestalten. Als Paar können Sie daran arbeiten, Vertrauen und emotionale Intimität aufzubauen.

Möglicherweise haben Sie oder Ihre Partnerin in früheren Beziehungen negative Erfahrungen gemacht. Wenn Sie der Sexualität und dem Geschlechtsverkehr in einer neuen Beziehung nicht offen und neugierig gegenüberstehen und den neuen Partner oder die neue Partnerin mit alten Verletzungen konfrontieren, indem Sie sich neuen Erfahrungen verschließen, verringern Sie die Chance auf eine erfüllte Sexualität.

In jedem Fall sollten Sie versuchen, die Dinge aus einer neuen Perspektive zu betrachten. Die neue Partnerin hat nichts mit Ihren Altlasten zu tun. Wenn es Ihnen schwerfällt, sprechen Sie darüber, um zu verstehen, was den anderen in dieser Hinsicht bewegt. Zeigen Sie einander, dass es auch anders geht.

In besonders schweren Fällen kann es auch notwendig sein, psychologische Hilfe in Anspruch zu nehmen.

Wie bekommen Sie als Mann mehr Orgasmen?

Die Frage ist relativ einfach zu beantworten:

„Wenn Sie als Mann und Gentleman beim Liebespiel und beim Sex zuerst auf die Bedürfnisse und Wünsche ihrer Partnerin eingehen!"

Da eine Frau ihre Sexualität meist ganz anders erlebt als ein Mann, braucht sie in der Regel mehr Zeit und eine störungs-freie Umgebung, um sich vertrauensvoll und vorbehaltlos auf ein sexuelles Abenteuer mit Ihnen einzulassen. Wenn Sie sich als Gentleman die Zeit nehmen, sich dabei zuerst um Ihre Partnerin kümmern und ihr dabei schöne, romantische und aufregende Momente schenken, wird sie Ihnen das auch zu-rückgeben. Vorausgesetzt, Sie beide haben ein gesundes, ge-genseitiges sexuelles Interesse aneinander und können offen aufeinander zugehen.

Eine Geschichte dazu: Eines Tages, an einem warmen Som-merabend, beschloss Leon, seinen gewohnten Alltag hinter sich zu lassen und seiner Frau Emily sexuell wieder etwas Be-sonderes zu bieten. Er hatte schon länger keinen Sex mehr mit seiner Frau und war über einen Freund auf eine anregende Lektüre gestoßen, die seinen Blickwinkel auf die Sexualität verändert hatte. Emily, eine wunderschöne Frau mit langen dunklen Haaren und strahlend blauen Augen, war schon immer diejenige, die Leons Herz zum Schmelzen brachte. Doch in letzter Zeit war ihr Sexualleben eingeschlafen – bis Leon begriff, dass er auf Emilys Bedürfnisse eingehen musste, um ihre Leidenschaft neu zu entfachen. An diesem Abend begann alles mit einem liebevoll zubereiteten Abendessen, bei dem sie sich tief in die Augen schauten und über ihre Wünsche und Träume sprachen. Nach dem Essen führte Leon Emily ins Wohnzimmer, wo er sanfte Musik abspielte und sie zu einem langsamen Tanz aufforderte. Die Nähe und die zärtlichen Berührungen weckten in beiden ein intensives Verlangen nach mehr. Leon, sprach davon, dass er sich wünschte, Emily wieder ganz nah zu sein, so wie sie es beide zu Beginn ihrer Beziehung gefühlt hatten. Emily weinte vor Freude, weil sie sich insgeheim schon seit langem einen solchen Moment gewünscht hatte. Lange sprachen Sie zärtlich miteinander und tauschten alte Erinnerungen aus. Am späten Abend zog Leon Emily vorsichtig ins Schlafzimmer und begann, sie langsam und behutsam auszuziehen. Er küsste und streichelte jeden freigelegten Teil ihrer Haut, achtete darauf, ihre Reaktionen zu beobachten und auf ihre Bedürfnisse einzugehen. Es fiel ihm plötzlich nicht mehr schwer, ihr die passenden Komplimente zu machen. Er bewunderte ihre Rundungen und verfolgte sie mit seinen Händen. Emily spürte, wie sich ihre Erregung steigerte, und genoss jede Berührung und jeden Kuss. Leon widmete sich ganz Emilys Vergnügen und verwöhnte sie ausgiebig. Er nahm sich Zeit, sie zu erkunden und ihre empfindlichsten Stellen zu entdecken. Emily fühlte sich durch Leons aufmerksames Verhalten plötzlich wieder begehrenswert und geliebt, was ihre Lust auf ihn noch weiter steigerte. Durch seine Geduld und Zuneigung wurde Emily mutiger und erwiderte seine Zärtlichkeiten mit immer größerer Leidenschaft. Der Bann war gebrochen. Die Leidenschaft neu entfacht. Im Laufe nächsten Monate entwickelte sich der gemeinsame Sex mit großer Aufmerksamkeit von Leons Seite zu einer immer intensiveren Erfahrung für beide. Emily konnte nicht genug von Leon bekommen, und seine neue einfühlsame Art machte sie nur noch mehr auf ihn scharf. Sie fühlte sich so sicher und geborgen bei ihm, dass sie begann, auch auf Leons Wünsche einzugehen und ihm seine tiefsten Fantasien zu erfüllen. Diese neu entdeckte Intimität und das gegenseitige Eingehen auf die Bedürfnisse des anderen ließen ihre Beziehung wieder aufblühen und verwandelten ihre neue sexuelle Zuneigung in eine noch viel tiefer empfundene Liebe. Leon und Emily hatten nicht nur ein erfülltes Sexualleben, sondern vertieften damit auch ihre tiefe emotionale Verbindung, Die gemeinsame Sehnsucht auf erfüllenden Sex hatte für Emily, aber auch für Leon ein Ende.

Wenn Sie als Mann und Gentleman beim Sex und intimen Momenten mit Ihrer Partnerin Ihre emotionale Intelligenz mit ins Spiel bringen, erobern Sie sexuell gesehen neue Welten. Lassen Sie sich auf den nächsten Seiten mit praktischen Tipps und Übungen davon überzeugen, dass Ihre sexuelle emotionale Intelligenz ein Schlüssel zum Herzen und zu schönen Orgasmen sein kann.

Emotionale Intelligenz und Orgasmen

Was ist emotionale Intelligenz und was hat sie mit gutem Sex oder guten Orgasmen zu tun?

Emotionale Intelligenz in Bezug auf Sexualität, Sex und Orgasmen bezieht sich auf die Fähigkeit, die eigenen Emotionen und die des Partners während intimer und sexueller Handlungen zu erkennen, zu verstehen, auszudrücken und effektiv damit umzugehen. Emotionale Intelligenz hat vier Hauptkomponenten:

- Selbstwahrnehmung
- Selbstmanagement
- soziale Wahrnehmung
- Beziehungsmanagement

Gute Beziehungen erfordern aus verschiedenen Gründen emotionale Intelligenz. Emotionale Intelligenz hilft, offen und ehrlich über sexuelle Wünsche, Grenzen und Bedenken zu sprechen, was zu einer besseren sexuellen Erfahrung für alle Beteiligten führt. Das Verstehen der Emotionen und Bedürfnisse des Partners ermöglicht eine tiefere emotionale Bindung und erhöht die sexuelle Befriedigung. Die Fähigkeit, die eigenen Emotionen während des sexuellen Aktes zu regulieren, fördert ein entspanntes und befriedigendes Erleben.

Liebe Gentlemen: Was können Sie tun, um Ihre emotionale Intelligenz in der Sexualität zu verbessern, während Sie intim und zärtlich mit Ihrer Partnerin sind? Hier finden Sie praktische Tipps, um die sexuelle Beziehung zu Ihrer Partnerin zu stärken:

- Achten Sie auf die verbale und nonverbale Kommunikation Ihrer Partnerin.
- Achten Sie auf Körpersprache, Stimmungen und Reaktionen. Sprechen Sie offen und ehrlich über Ihre eigenen Wünsche, Grenzen und Ängste.
- Fragen Sie nach den Vorlieben und Grenzen Ihrer Partnerin und teilen Sie Ihre eigenen mit.
- Versetzen Sie sich in die Lage Ihrer Partnerin und versuchen Sie, ihre Gefühle und Bedürfnisse zu verstehen.
- Seien Sie bereit, Ihr Verhalten und Ihre Einstellung den Bedürfnissen und Gefühlen Ihrer Partnerin anzupassen.
- Wenn etwas nicht funktioniert oder Ihnen Unbehagen bereitet, seien Sie offen, neue Dinge auszuprobieren oder auf bewährte Praktiken zurückzugreifen.
- Lernen Sie, mit Ihren eigenen Ängsten, Stress oder Unsicherheiten umzugehen, um eine entspannte und angenehme Atmosphäre zu schaffen.
- Achten Sie darauf, emotional präsent und aufmerksam zu sein.
- Zeigen Sie Ihrer Partnerin nach dem sexuellen Akt Fürsorge und Zuneigung, um die emotionale Bindung zu stärken.

Praktische Übungen für (bessere) Orgasmen

Egal aus welcher Perspektive Sie Sexualität mit Sex, Liebe, Lust und Leidenschaft betrachten, es sind immer die gleichen Punkte, die eine erfüllende Sexualität von einer frustrierenden oder langweiligen unterscheiden. Die folgenden Praxisbeispiele und Übungen, beschrieben aus der Sicht von Paaren, zeigen, wie Sie mit Ihrer Partnerin sehr einfach zu mehr Erfahrung, Einfühlungsvermögen und Sensibilität gelangen können und dabei mit hoher Wahrscheinlichkeit Ihre sexuelle Orgasmusfähigkeit steigern können, wenn psychisch und physisch alles bei Ihnen und Ihrer Partnerin in Ordnung ist und Sie gesund sind.

Achtsamkeitsübungen: Lara und Mark führten regelmäßige Achtsamkeitsübungen durch, wie zum Beispiel gemeinsames Atmen und das bewusste Wahrnehmen von Berührungen. Sie schenkten einander ungeteilte Aufmerksamkeit und achteten darauf, wie ihr Partner auf bestimmte Berührungen reagierte. Durch diese Erfahrungen lernten sie, ihre Bedürfnisse besser zu verstehen und ihre Sexualität intensiver zu erleben.

Spiegelübungen: Tom und Anna begannen, sich vor einem Spiegel oder gegenüber voneinander aufzustellen und die Bewegungen und Gesten des anderen nachzuahmen. Dadurch wurden sie sensibler für die Körpersprache ihres Partners und konnten ihre sexuelle Kommunikation verbessern. Diese Übung half ihnen, sich gegenseitig besser zu verstehen und ihre sexuelle Erfahrung zu erweitern.

Fantasiegespräch: Emma und Alex setzten sich regelmäßig zusammen und sprachen offen über ihre sexuellen Fantasien, Wünsche und Ängste. Diese Gespräche ermöglichten es ihnen, ihre gemeinsamen Vorlieben zu entdecken und eventuelle Hemmungen abzubauen. So konnten sie ihre sexuellen Erlebnisse bereichern und ihre Beziehung vertiefen.

Rollenspiele: Maria und Tim erforschten verschiedene Rollenspiele, um ihre sexuellen Fantasien auszuleben. Sie schlüpften in unterschiedliche Rollen, wiederholen spielerisch ihr erstes Date und probierten verschiedene Szenarien aus. Diese Erfahrungen ermöglichten ihnen, ihre Sexualität auf spielerische Weise zu erweitern und ihre Verbindung zueinander zu intensivieren.

Körperliche Berührung: Max und Sarah experimentierten mit verschiedenen Berührungen, wie zum Beispiel Streicheln, Küssen oder Massieren. Sie gaben sich gegenseitig Feedback, welche Berührungen angenehm waren und welche nicht. Durch diese offene Kommunikation konnten sie ihre sexuelle Beziehung verbessern und einander näherkommen.

Sinnliche Spiele: Leo und Natalie integrierten spielerische Elemente in ihre Intimität, indem sie zum Beispiel Federn, Massageöle oder erotische Spielzeuge einsetzten. Durch das gemeinsame Experimentieren entdeckten sie neue Vorlieben und erweiterten ihre sexuellen Horizonte.

Tantra-Praktiken: John und Lisa entschieden sich, ihre sexuelle Energie und Intimität durch Tantra-Praktiken zu steigern. Sie nahmen an Workshops teil, um die Grundlagen des Tantra zu erlernen und setzten das Erlernte zu Hause in die Praxis um. Die Praktiken beinhalteten Achtsamkeit, Atemübungen und langsame, sinnliche Bewegungen, die dazu beitrugen, ihre Verbindung zu vertiefen und ihre sexuelle Erfahrung zu intensivieren. Sie experimentierten mit verschiedenen Stellungen und Techniken und fanden so heraus, welche Positionen ihnen beiden am meisten Vergnügen bereiteten. Durch das Hinzufügen dieser neuen Elemente in ihr Liebesleben, konnten John und Lisa eine sehr erfüllende und intime sexuelle Erfahrung genießen.

Massage: Anna und Michael beschlossen, einander regelmäßig Massagen zu geben, um ihre körperliche und emotionale Verbindung zu stärken. Sie lernten verschiedene Massagetechniken, um einander zu entspannen und die Intimität zu fördern. Während der Massagen konzentrierten sie sich auf die Empfindungen und die Berührungen, was ihnen half, ihre Orgasmusfähigkeit zu steigern. Die Entspannung und das gesteigerte Körperbewusstsein ermöglichten es ihnen, beim Sex noch intensiver und achtsamer zu sein.

Augenkontakt: Sarah und Alex beschlossen, während des Sex bewusst Augenkontakt zu halten, um ihre Verbindung zu vertiefen. Sie entdeckten, dass der Augenkontakt eine größere emotionale Nähe schuf und dazu beitrug, ihre sexuelle Erfahrung zu verbessern. Indem sie sich in die Augen schauten, konnten sie die gegenseitige Anziehungskraft und das Verlangen spüren, was ihre Intimität und Leidenschaft steigerte.

Meditation: Tina und Martin begannen gemeinsam zu meditieren, um ihre Verbindung zueinander und ihre emotionale Intelligenz zu stärken. Durch das Fokussieren auf ihre Gedanken und Gefühle während der Meditation entwickelten sie ein tieferes Verständnis füreinander und konnten sich beim Sex besser entspannen. Diese gemeinsame Praxis half ihnen, ihre Beziehung auf einer tieferen Ebene zu erkunden und ihre sexuellen Erfahrungen noch intensiver zu gestalten.

Positive Verstärkung: Sophie und Peter führten die Praxis der positiven Verstärkung in ihre Beziehung ein, um das Selbstwertgefühl und die Intimität zu fördern. Sie lobten und ermutigten einander regelmäßig, insbesondere während ihrer intimen Momente. Indem sie offen über ihre Wünsche und Bedürfnisse sprachen und einander Komplimente machten.

Warum verhelfen Übungen zu besseren Orgasmen?

Sie fragen sich jetzt vielleicht, warum diese Übungen so effektiv sein sollen? Nun, die Antwort liegt in der bewussten Auseinandersetzung mit unserem Körper und unseren Empfindungen als Mann und Frau. Praktische auf Sexualität ausgerichtete Übungen ermöglichen es Ihnen, Ihre Wahrnehmung zu schärfen und Vertrauen in Ihren Körper aufzubauen. Durch diese Sensibilisierung entdecken Sie bisher unbekannte erogene Zonen, stärken Ihr Selbstwertgefühl und erweitern Ihr Repertoire an lustvollen Erfahrungen.

Ein weiterer Grund, warum die praktischen Übungen so effektiv sind, ist die Möglichkeit, Ihre sexuelle Kommunikation zu verbessern. Durch das bewusste Erleben von Berührung und Intimität lernen Sie, Ihre Wünsche, Grenzen und Vorlieben besser auszudrücken. So können Sie sich auf einer tieferen Ebene mit Ihrem Partner verbinden und gemeinsam intensive und erfüllende Erlebnisse schaffen.

Die Konzentration auf Atmung und Entspannung ist ein weiterer Schlüssel zur Verbesserung der Orgasmusfähigkeit und - wahrnehmung. Praktische Übungen zur bewussten Atmung und körperlichen Entspannung helfen, Stress abzubauen und die Durchblutung der erogenen Zonen zu steigern. Das steigert nicht nur die Orgasmusfähigkeit, sondern auch die Fähigkeit, sich ganz auf den Moment einzulassen.

Praktische Übungen können auch dazu beitragen, alte Überzeugungen und Ängste zu überwinden, die Ihre sexuelle Freiheit einschränken. Indem Sie sich spielerisch und achtsam mit Ihrer Sexualität auseinandersetzen, öffnen Sie sich für neue Perspektiven und schaffen Raum für persönliches Wachstum und Veränderung. Wenn Sie diese Barrieren überwinden, können Sie ein erfüllteres und freieres Sexualleben erleben, das Sie und Ihre Partnerin bereichert. Lernen Sie weitere Übungen kennen, die die Orgasmusfähigkeit und die intimen Momente mit Ihrer Partnerin verbessern können.

Vertrauensübung: Schließen Sie Ihre Augen und lassen Sie sich fallen. Einer von Ihnen fängt den anderen auf und hält ihn fest. Diese Übung kann das Vertrauen stärken und das Einfühlungsvermögen fördern.

Nacktbaden: Nehmen Sie ein gemeinsames Bad und konzentrieren Sie sich darauf, die Berührungen und Empfindungen des anderen zu spüren. Diese Übung kann das Vertrauen und die Verbindung vertiefen.

Körpermalerei: Malen Sie sich mit Körperfarben gegenseitig an und konzentrieren Sie sich darauf, die Empfindungen des anderen zu spüren. Diese Übung kann die kreative Zusammenarbeit fördern und das Einfühlungsvermögen verbessern.

Langsames Liebesspiel: Reduzieren Sie das Tempo und konzentrieren Sie sich darauf, den Körper des anderen vollständig zu spüren. Diese Übung kann das Einfühlungsvermögen verbessern und die Verbindung vertiefen.

Atemübung: Atmen Sie synchron und spüren Sie, wie sich die Atemzüge des anderen mit den eigenen verbinden. Diese Übung kann das Einfühlungsvermögen verbessern und die Verbindung vertiefen. Bleiben Sie dabei in engem Körperkontakt.

Gegenseitiges Masturbieren: Masturbieren Sie sich gegenseitig und konzentrieren Sie sich darauf, die Empfindungen und Reaktionen des anderen zu spüren. Küssen Sie sich dabei, wenn Sie mögen. Indem Sie darauf achten, was Ihrem Partner gefällt, können Sie Ihr Einfühlungsvermögen und Ihre Empathie verbessern.

Kuscheln: Nehmen Sie sich Zeit zum Kuscheln. Legen Sie sich nah aneinander. Konzentrieren Sie sich auf die Empfindungen und Emotionen, die Sie dabei erleben. Diese Übung kann das Vertrauen und die Verbundenheit fördern.

Orgasmus-Steuerung: Versuchen Sie, die Kontrolle über den Orgasmus Ihres Partners zu übernehmen, indem Sie im Liebesspiel das Tempo, die Berührungen und die Stimulation variieren. Indem Sie sich auf die Empfindungen und Reaktionen Ihres Partners konzentrieren, können Sie ein besseres Verständnis für seine oder ihre Bedürfnisse und Wünsche entwickeln.

Tanzübung: Tanzen Sie gemeinsam nackt und konzentrieren Sie sich auf die Empfindungen und Emotionen, die Sie dabei erleben. Diese Übung kann Ihnen helfen, Ihre Verbundenheit zu stärken.

Spannende Orte und Sex: Tauschen Sie sich darüber aus, wo Sie am liebsten Sex miteinander haben wollen. Sprechen Sie darüber, wann und wo das gelingen kann. Sie erfahren so mehr über die gegenseitigen Fantasien und bauen Spannung auf. Allein die Vorstellung kann zu mehr Lust aufeinander führen.

Diese einfachen Übungen können Ihnen helfen, beim Sex
mehr Einfühlungsvermögen und Empathie mit Ihrer Partnerin
zu erlernen und eine tiefere Verbindung zu ihr in sexueller und
emotionaler Hinsicht aufzubauen. Dabei sind keine Grenzen
gesetzt, sofern Sie beide mit einer Übung einverstanden sind
und sich dabei gut und entspannt fühlen. Als Gentleman sollten Sie dabei immer sicher und verantwortungsvoll handeln.
Stellen Sie sicher, dass alle sexuellen Aktivitäten freiwillig und
in beiderseitigem Einverständnis erfolgen. Das gilt für alle Aktivitäten in diesem Buch.

Sexuelle Befreiung für die Frau

Es ist für Frauen sexuell befreiend, wenn sie einen Partner haben, der auf ihre Bedürfnisse eingeht und diese beim Sex berücksichtigt, weil es sowohl auf psychologischer als auch auf
körperlicher Ebene zu einem erfüllenderen und angenehmeren Erlebnis führt.

Auf psychologischer Ebene führt das Eingehen auf die Bedürfnisse einer Frau dazu, dass sie sich sicher und geborgen fühlt.
Wenn ihr Partner Verständnis und Empathie zeigt, kann dies
das Vertrauen stärken und dazu beitragen, dass sie sich entspannt und offen für Intimität fühlt. Darüber hinaus kann das
Gefühl, gehört und respektiert zu werden, das Selbstwertgefühl der Frau stärken und ihr ermöglichen, ihre eigenen Wünsche und Vorlieben ohne Angst oder Scham zu erkunden und
auszudrücken.

Ein weiterer psychologischer Aspekt ist die Verbesserung der emotionalen Bindung zwischen den Partnern. Wenn ein Partner auf die Bedürfnisse der Frau eingeht, zeigt er ihr, dass er sich um ihr Wohlbefinden kümmert, was zu einer tieferen emotionalen Verbindung und einer stärkeren Beziehung führen kann.

Auf körperlicher Ebene hat das Eingehen auf die Bedürfnisse einer Frau während des Sex viele Vorteile. Frauen benötigen oft mehr Zeit, um erregt zu werden und einen Orgasmus zu erreichen als Männer. Wenn ihr Partner auf ihre Bedürfnisse eingeht und sich Zeit nimmt, um sie zu stimulieren und ihre erogenen Zonen zu erkunden, kann dies dazu beitragen, dass sie leichter erregt wird und intensivere Orgasmen erlebt.

Zudem kann das Eingehen auf die Bedürfnisse der Frau dazu führen, dass sie sich während des Sex wohler in ihrem Körper fühlt. Dies kann ihre Fähigkeit verbessern, sich auf ihre Empfindungen und das sexuelle Erlebnis einzulassen, was wiederum zu einer erhöhten Lust und Zufriedenheit und besseren Orgasmen führen kann.

Sexuelle Befreiung für den Mann

Für Sie als Mann ist das ähnlich zu sehen und hat enorme Vorteile für Ihre persönliche Sexualität. Indem Sie auf die Bedürfnisse und Wünsche Ihrer Partnerin eingehen, stärken Sie Ihre emotionale Intelligenz und Ihr Einfühlungsvermögen. Dies

kann dazu beitragen, dass sich beide Partner näher und ver-
bundener fühlen, was wiederum eine stabilere und glückli-
chere Beziehung fördert.

Auch Ihre Fähigkeit zur Kommunikation wird sich verbessern.
Wenn Sie lernen, auf die Bedürfnisse Ihrer Partnerin einzugehen, verbessern Sie gleichzeitig Ihre Fähigkeit, über Ihre eigenen Bedürfnisse, Wünsche und Grenzen zu sprechen. Diese
offene Kommunikation bereichert das sexuelle Erleben für Sie
beide und ermöglicht es Ihnen, sich gegenseitig besser zu verstehen und zu unterstützen. Indem Sie auf die Bedürfnisse Ihrer Partnerin eingehen und dafür sorgen, dass sie sich wohl
und erfüllt fühlt, können Sie auch Ihr eigenes sexuelles Selbstvertrauen stärken. Dies kann dazu führen, dass Sie sich im sexuellen Kontext sicherer und entspannter fühlen, was wiederum Ihre eigenen sexuellen Erfahrungen verbessert.

Die Erfahrung zeigt, dass es zwar keine Garantie dafür gibt,
dass Sie als Mann mehr Sex oder mehr Orgasmen haben werden, wenn Sie auf die Bedürfnisse Ihrer Partnerin eingehen,
aber Ihr Verhalten wird dazu beitragen, die Qualität Ihrer sexuellen Begegnungen zu erhöhen. Eine zufriedene und erfüllte
Partnerin ist in der Regel bereit, mehr Intimität zu teilen und
offener für Experimente zu sein, was für Sie als Mann und Frau
zu abwechslungsreicheren und befriedigenderen sexuellen
Erlebnissen führt und sicher auch häufigere befriedigendere
intime Momente beinhaltet.

Es kann passieren, dass es Probleme mit der Sexualität gibt, weil Menschen keine Lust auf sexuelle Aktivitäten haben oder sexuelle Handlungen grundsätzlich ablehnen oder aus anderen Gründen nicht fähig sind, Orgasmen zu erleben. Einige Menschen setzen ihre Lebensprioritäten anders. Wenn Sie, Ihre Partnerin oder Sie beide der Sexualität keinen Platz in Ihrem Leben einräumen, werden Sie mit den Empfehlungen in diesem Buch nicht viel anfangen können. Dies hängt eng mit der eigenen Einstellung, den eigenen Prioritäten und den eigenen Vorlieben zusammen. Eine Paarbeziehung, in der ein Partner großen Wert auf Sexualität und Zärtlichkeit legt, während der andere Partner dies nicht tut, verläuft im Hinblick auf die Bedürfnisse des sexuell aktiven Partners in der Regel sehr problematisch. Für eine erfüllte sexuelle Beziehung sollte das sexuelle Bedürfnisniveau in etwa gleich sein, um ein frustrierendes Ungleichgewicht zu vermeiden.

Kapitel 06

Vorbereitung: Idealbild und Gesundheit

Erfüllende Sexualität als Paar: Das Idealbild

Liebe Männer und Gentlemen, fassen wir die gewonnenen Erkenntnisse noch einmal mit ein paar Beispielgeschichten zusammen: Das Idealbild einer erfüllenden und befriedigenden Sexualität mit höherer Orgasmuswahrscheinlichkeit ist individuell und hängt von den persönlichen Vorlieben und Bedürfnissen der Beteiligten ab. Die folgenden Prinzipien tragen dazu bei, eine erfüllende sexuelle Beziehung mit der Partnerin zu fördern:

Eine offene und ehrliche Kommunikation über sexuelle Wünsche, Bedürfnisse und Grenzen ist entscheidend für eine erfüllende Sexualität. Wenn beide Partner ihre Vorlieben und Fantasien teilen, können sie aufeinander eingehen und gemeinsam ein befriedigendes sexuelles Erlebnis schaffen.

Beispiel: Max und Lena waren seit einigen Jahren ein Paar und genossen ihre Sexualität, aber Max hatte das Gefühl, dass sie noch tiefer in ihre Beziehung eintauchen könnten. Er wollte mehr über Lenas Fantasien und Wünsche erfahren, aber er hatte Angst, dass er sie damit verletzen könnte. Eines Tages ermutigte Lena ihn, über seine eigenen Wünsche zu sprechen. Max erzählte ihr von seiner Fantasie, eine Sex-Party zu besuchen. Zu seiner Überraschung fand Lena die Idee interessant und sie beschlossen, gemeinsam dort hinzugehen. Lena fand die Party interessant, aber Max fühlte sich dann doch nicht mehr so wohl, weil der Event einen eher negativen Pornocharakter hatte. Sie verließen den Ort und hatten zu Hause sehr guten Sex miteinander. Durch ihre offene Kommunikation und ihre Bereitschaft, einander zuzuhören und entgegenzukommen, konnten Max und Lena ihre Sexualität auf eine neue und aufregende Ebene bringen.

Einfühlsamkeit und Verständnis für die Sexualität des Partners sind wichtige Faktoren für erfüllende sexuelle Beziehungen. Respektieren Sie die körperlichen und emotionalen Grenzen Ihrer Partnerin und schaffen Sie eine sichere Umgebung, in der beide Partner ihre Sexualität ohne Angst vor Ablehnung oder Missverständnissen erkunden können.

Beispiel: Sarah und Tim waren seit einigen Monaten ein Paar und genossen ihre Sexualität. Doch als sie eines Tages über ihre Sexualität sprachen, erzählte Sarah ihm von ihren Unsicherheiten und Ängsten. Tim war einfühlsam und verständnisvoll und er erkannte, dass Sarah einige traumatische

Erfahrungen in ihrer Vergangenheit erlebt hatte. So begann er, behutsam auf Ihre Bedürfnisse einzugehen und ihr die Zeit zu geben, die sie brauchte. Weil er sehr behutsam mit ihr umging, öffnete sich Sarah und ließ nach und nach Dinge zu, die sie sich nie mehr hätte vorstellen können. Mit der Zeit konnten sie eine tiefere Verbindung aufbauen, die es ihnen ermöglichte, ihre Sexualität auf eine Weise zu erleben, die für sie beide erfüllend war.

Gleichberechtigung und Konsens: Beide Partner sollten gleichberechtigt am sexuellen Austausch beteiligt sein und aktiv ihre Zustimmung zu sexuellen Aktivitäten geben. Der gegenseitige Respekt für die Autonomie und Entscheidungsfreiheit des anderen ist entscheidend für eine gesunde und erfüllende Sexualität. Das sexuelle Bedürfnis beider Partner sollte ausgeglichen befriedigt werden.

Beispiel: Peter und Sophia waren seit einigen Jahren ein Paar und genossen ihre Sexualität. Aber als Peter merkte, dass er oft mehr Kontrolle hatte als Sophia, begann er, sich Gedanken zu machen. Er wollte, dass sie sich gleichberechtigt und frei fühlen konnte. Also begannen sie, darüber zu sprechen und stimmten zu, dass sie beide gleichermaßen an ihrer Sexualität beteiligt sein sollten. Sie erkannten, dass es für eine gesunde und erfüllende Sexualität wichtig war, einander zu respektieren und Entscheidungen gemeinsam zu treffen. Sophia begann, regelmäßig die Kontrolle zu übernehmen und dachte sich neue Stellungen dafür aus. Peter war überrascht und begeistert und ließ sich gerne führen, was für beide neue und besondere sexuelle Erlebnisse beinhaltete.

Experimentieren und Lernen: Indem beide Partner offen für neue sexuelle Erfahrungen und Techniken sind, können sie herausfinden, was am besten funktioniert, um gegenseitige Befriedigung und Orgasmus-Wahrscheinlichkeit zu erhöhen. Lernen Sie, was Ihrer Partnerin Freude bereitet, und passen Sie Ihre sexuellen Aktivitäten entsprechend an.

Beispiel: Emma und Tom waren seit einigen Jahren ein Paar und genossen ihre Sexualität. Aber sie wollten mehr Abwechslung und begannen, neue Techniken und Positionen auszuprobieren. Sie begannen, Bücher und Artikel zu lesen und Videos anzuschauen, um ihre Sexualität zu erforschen. Mit der Zeit konnten sie neue Dinge ausprobieren, die ihre Sexualität erfüllender machten. Sie kauften sich eine Liebesschaukel und integrierten die Erfahrungen damit in ihr Liebesspiel. Die neuen aufregenden Momente brachten Emma nach etwas Übung intensivere Orgasmen. Für Tom wurde es weniger anstrengend, Emma sexuell ausgiebig zu befriedigen.

Vorspiel und Intimität: Investieren Sie Zeit in das Vorspiel und bauen Sie emotionale Intimität auf, um die sexuelle Erregung und die Wahrscheinlichkeit eines Orgasmus zu erhöhen. Dies kann körperliche Berührungen, Zärtlichkeit und liebevolle Worte beinhalten, die helfen, eine tiefere Verbindung zwischen Ihnen und Ihrer Partnerin aufzubauen.

Beispiel: Laura und Alex waren seit einigen Monaten ein Paar und genossen ihre Sexualität. Aber Alex wollte mehr Intimität und Zeit für das Vorspiel. Laura hatte zuvor nicht viel Erfahrung damit, aber sie war bereit, es zu versuchen. Sie begannen, mehr Zeit damit zu verbringen, sich zu berühren, zu küssen und ihre Bedürfnisse und Wünsche auszudrücken. Mit der Zeit konnten sie eine tiefere Verbindung aufbauen, die es ihnen ermöglichte, ihre Sexualität auf eine Weise zu erleben, die für sie beide erfüllend war. Sie begannen, sich gegenseitig zu massieren, und verbrachten mehr Zeit damit, sich gegenseitig zu erkunden und zu befriedigen. Das Vorspiel wurde zu einem wichtigen Teil ihrer Sexualität und half ihnen, sich noch stärker aufeinander einzulassen.

Liebe Gentlemen: Männer und Frauen, die einfühlsam und verständnisvoll mit der Sexualität ihres Partners umgehen, können auf eine tiefere emotionale Bindung, eine höhere Orgasmuswahrscheinlichkeit und eine insgesamt befriedigendere sexuelle Beziehung hoffen. Eine Partnerschaft, die auf Vertrauen, Offenheit und Respekt basiert, trägt zu einer befriedigenden Sexualität bei, die beiden Partnern Freude bereitet und die Qualität der Beziehung insgesamt verbessert. Kurz gesagt: Ihre Partnerin und Sie, Sie beide, haben als Paar häufiger intensiven Sex und befriedigende intime Erlebnisse, wenn Sie sich hundertprozentig aufeinander einlassen und ihr Bedürfnis nach Zärtlichkeit und Sexualität auf etwa gleichem Level liegt.

Die folgenden Seiten sollen Sie dazu anregen, sich mit Ihrer körperlichen und geistigen Gesundheit auseinander zu setzen.

Körperliche und psychische Gesundheit

Körperliche Gesundheit spielt eine entscheidende Rolle für eine erfüllte Sexualität. Wenn Sie körperlich fit sind, haben Sie mehr Energie und Ausdauer, was sich positiv auf Ihre sexuelle Leistungsfähigkeit und Zufriedenheit auswirkt. Außerdem beeinflusst die körperliche Gesundheit die Hormonproduktion und die Funktion der Geschlechtsorgane. Wenn Sie also auf Ihre körperliche Gesundheit achten, können Sie oft ein aktiveres und befriedigenderes Sexualleben genießen.

Auch die psychische Gesundheit ist für eine erfüllende Paarsexualität entscheidend. Psychische Belastungen wie Stress, Angst oder Depressionen können das sexuelle Verlangen, die Erregung und die Fähigkeit, einen Orgasmus zu erreichen, stark beeinträchtigen. Eine stabile psychische Gesundheit ermöglicht es Ihnen und Ihrer Partnerin, sich besser auf Ihre sexuellen Bedürfnisse und Wünsche einzustellen, offen und ehrlich miteinander zu kommunizieren und Ihre Sexualität gemeinsam zu erkunden und zu genießen.

Es gibt jedoch auch eine wechselseitige Beziehung zwischen Sexualität und körperlicher Gesundheit. Eine befriedigende Sexualität kann auch zu einer besseren körperlichen

Gesundheit beitragen. Sexuelle Aktivität hat mehrere positive Auswirkungen auf den Körper. Zum einen ist sie eine Form der körperlichen Aktivität, die die Herz-Kreislauf-Funktion, die Muskelkraft und die Ausdauer verbessert. Regelmäßige sexuelle Aktivität kann daher das Risiko von Herz-Kreislauf-Erkrankungen verringern und das allgemeine Wohlbefinden fördern.

Darüber hinaus führt sexuelle Aktivität zur Ausschüttung von Endorphinen und anderen Neurotransmittern, die das Schmerzempfinden reduzieren und das allgemeine Wohlbefinden steigern. Die Ausschüttung von Oxytocin während der sexuellen Aktivität und bei körperlichen Berührungen kann auch zu einer tieferen emotionalen Bindung zwischen Ihnen und Ihrer Partnerin führen und das Stressniveau senken. Diese hormonellen Veränderungen können wiederum das Immunsystem stärken, den Blutdruck senken und die Schlafqualität verbessern.

Sexualität kann sich auch positiv auf die psychische Gesundheit auswirken, indem sie das Selbstwertgefühl steigert und das Gefühl der Verbundenheit mit der Partnerin fördert. Ein erfülltes Sexualleben kann Stress abbauen, Ängste lindern und dazu beitragen, depressive Symptome zu verringern. So können Sie und Ihre Partnerin von einer verbesserten psychischen Gesundheit profitieren, die sich wiederum auf Ihre körperliche Gesundheit und Ihre Lebensqualität auswirkt.

Körperliche und psychische Gesundheit sind also entscheidend für eine erfüllende Sexualität in der Partnerschaft.

Umgekehrt kann eine gesunde Sexualität dazu beitragen, die körperliche und seelische Gesundheit zu fördern. Indem Sie und Ihre Partnerin auf körperliche und seelische Gesundheit achten und offen über sexuelle Bedürfnisse und Wünsche kommunizieren, können Sie die Qualität der Beziehung und das allgemeine Wohlbefinden nachhaltig verbessern. Es ist wichtig, auf eine Balance zwischen diesen Aspekten zu achten und sowohl der körperlichen als auch der psychischen Gesundheit Raum und Aufmerksamkeit zu geben, um ein erfüllendes Sexualleben und damit auch eine starke Partnerschaft zu erreichen.

Um dieses Gleichgewicht zu erreichen, sollten Sie und Ihre Partnerin auf gesunde Lebensgewohnheiten wie regelmäßige Bewegung, ausgewogene Ernährung und ausreichend Schlaf achten. Auch Entspannungstechniken wie Yoga, Meditation oder Atemübungen können helfen, Stress abzubauen und die psychische Gesundheit zu fördern. Eine offene und ehrliche Kommunikation über sexuelle Bedürfnisse und Wünsche sollte gefördert werden, um Missverständnisse zu vermeiden und gemeinsam an einer erfüllenden Sexualität zu arbeiten.

Auch die Rolle von Bildung und Aufklärung sollte nicht unterschätzt werden, wenn es um eine erfüllende Paarsexualität geht. Der Zugang zu verlässlichen Informationen über Sexualität, Verhütung und sexuelle Gesundheit ermöglicht es Ihnen und Ihrer Partnerin, informierte Entscheidungen zu treffen und mögliche Probleme und Missverständnisse zu vermeiden.

Ideen und Übungen für sexuelle Fitness

Was können Sie praktisch tun, um die Ihre körperliche und psychische Gesundheit und die Ihrer Partnerin zu verbessern?

Hier sind einige Tipps:

Digitale Detox: Verbringen Sie bewusst Zeit ohne digitale Geräte oder TV, um Ihre Aufmerksamkeit ganz aufeinander zu richten und die Intimität zu fördern.

Partner-Akrobatik: Involvieren Sie gemeinsame Sportaktivitäten wie Akrobatik in Ihren Alltag, um das Vertrauen, die Körperbeherrschung und die sexuelle Anziehung zu steigern.

Erotische Literatur oder Hörbücher: Teilen Sie erotische Geschichten oder Hörbücher miteinander, um die Fantasie anzuregen und neue Ideen für das Liebesleben zu sammeln.

Sinneserlebnisse: Experimentieren Sie mit verschiedenen Sinnesreizen wie Gerüchen, Geschmäckern, Klängen und Texturen, um Ihr sexuelles Erleben zu intensivieren.

Tanzkurs: Nehmen Sie gemeinsam an einem Tanzkurs teil, um körperliche Nähe und Koordination zu verbessern.

Liebesbriefe schreiben: Schreiben Sie sich gegenseitig romantische und erotische Liebesbriefe, um ihre Gefühle auszudrücken und Fantasien zu teilen.

Outdoor-Abenteuer: Planen Sie gemeinsame Outdoor-Aktivitäten wie Wandern, Klettern oder Kanufahren, um ihre Bindung zu stärken und gemeinsame Erlebnisse zu schaffen.

Kreative Date-Nächte: Organisieren Sie regelmäßig besondere und aufregende Date-Nächte, die ihre Beziehung beleben und für romantische Erinnerungen sorgen.

Erotische Kunst: Experimentieren Sie gemeinsam mit erotischer Kunst, z. B. durch das Zeichnen von Aktbildern oder das Erstellen von Skulpturen, um Ihre sexuelle Kreativität zu fördern.

Body-Painting: Verwenden Sie ungiftige Farben, um ihre Körper zu bemalen und so ihre künstlerische und erotische Seite auszuleben.

Synchrones Workout: Trainieren Sie zusammen und entwickeln Sie spezielle Übungen, die Sie gleichzeitig ausführen, um ihre Zusammenarbeit und körperliche Anziehung zu stärken.

Partner-Yoga: Üben Sie gemeinsam Partner-Yoga-Positionen, um Vertrauen, Flexibilität und Intimität zu fördern.

Erotische Spiele: Spielen Sie gemeinsam erotische Brett- oder Kartenspiele, um ihre Fantasie anzuregen.

Kochen mit aphrodisierenden Zutaten: Kreieren Sie gemeinsam Gerichte mit aphrodisierenden Lebensmitteln, um die Sinne zu wecken und die Libido zu steigern.

Blind-Date-Szenarien: Planen Sie mit Ihrer Partnerin Überraschungs-Blind-Dates, bei denen sie so tun, als würden Sie sich zum ersten Mal treffen, um den Nervenkitzel des Neuen zu erleben und ihre Flirtkünste zu üben.

Gemeinsames Lernen: Wählen Sie ein Thema im Bereich der Sexualität, das Sie interessiert, und lernen Sie gemeinsam darüber. Diskutieren Sie, wie Sie das neue Thema in ihre Beziehung integrieren können.

Berührungsspiele: Verbinden Sie sich gegenseitig die Augen und erkunden Sie den Körper des anderen nur mit den Fingerspitzen oder anderen Köperteilen, um die Sensibilität und Wahrnehmung zu schärfen.

Verführerische Fitness: Entwickeln Sie gemeinsam ein Fitnessprogramm, das sexy und verführerische Bewegungen beinhaltet, wie zum Beispiel Pole-Dancing oder Burlesque-Tanz. Dies kann dazu beitragen, die Selbstsicherheit und Attraktivität füreinander zu steigern.

Ihrer Fantasie sind bei Übungen dieser Art nur die Grenzen gesetzt, die Sie sich als Paar gegenseitig selbst setzen.

Kapitel 07

Sich selbst beim Sex besser kennenlernen

Der Sex mit sich selbst – Masturbation

Frauen benötigen oft mehr Zeit, um einen Orgasmus zu errei-chen, und sie erleben während dieser Zeit eine stärkere sexu-elle Erregung. Diese gesteigerte Erregung kann dazu beitra-gen, dass der Orgasmus intensiver wahrgenommen wird. Männer erreichen im Durchschnitt schneller einen Orgasmus, was dazu führen kann, dass die Intensität des Orgasmus ge-ringer erscheint.

Sexuell besonders aktive Männer und Frauen haben aufgrund ihrer Konditionierung das Bedürfnis oder die Fähigkeit, ein- oder mehrmals am Tag einen Orgasmus zu erleben. Anderen reicht es vielleicht, einmal pro Woche sexuell aktiv zu sein. Beides ist normal und hängt von der persönlichen Perspektive und dem persönlichen Bedürfnis ab, solange sich kein krank-hafter Trieb dahinter versteckt. Da die meisten Männer und Frauen den Orgasmus beim Liebesspiel mit dem Partner intensiver erleben als bei der Selbstbefriedigung, legen sie großen Wert darauf, die sexuelle Erfüllung mit oder durch den Partner zu erleben. Da dies für sexuell aktive Menschen nicht immer möglich ist, ist die Selbstbefriedigung, die Masturbation, eine gute und gesunde Möglichkeit für Männer und Frauen, sich zwischendurch zu befriedigen und zu entspannen. Insbesondere dann, wenn die Partnerin aus verschiedenen Gründen nicht zur Verfügung steht oder der Mann vielleicht gerade unpässlich ist.

Darüber hinaus können Unterschiede in der Orgasmusdauer, der Orgasmusfähigkeit und der wahrgenommenen Intensität zwischen Männern und Frauen sowohl positive als auch negative Auswirkungen auf sexuell aktive Paare haben. Einerseits kann der Druck des Mannes, seine Partnerin zum Orgasmus zu bringen, Stress und Ängste auslösen, die seine sexuelle Leistungsfähigkeit beeinträchtigen können. Andererseits kann es ihn motivieren, mehr über die sexuellen Bedürfnisse seiner Partnerin zu erfahren und Techniken zu erlernen, die ihm helfen, gemeinsam einen befriedigenden Höhepunkt zu erreichen. Umgekehrt gilt dies auch für die Frau. Masturbation ist dabei für beide Partner in einer aktiven und offenen sexuellen Beziehung von Vorteil, da sie hilft, die eigenen Körperfunktionen besser kennenzulernen, zu beobachten und zu kontrollieren.

Erfahrene Paare setzen in der Praxis auf ein gutes Wechselspiel zwischen erfüllter Sexualität durch Sex mit dem Partner oder der Partnerin und Sex mit sich selbst durch

Masturbation. In der Praxis kommt das bei Männern häufiger vor, weil der individuell wahrgenommene sexuelle Druck bei Männern höher ist als bei Frauen, die im Gegensatz zum Mann viel intensivere Orgasmen, zum Beispiel auch durch multiple orgastische Erlebnisse, erfahren können. Häufig hält das befriedigende Stimulationserlebnis bei der Frau länger an.

Masturbation kann für Männer eine effektive Methode sein, um Stress abzubauen und Entspannung zu fördern. Sie hilft auf natürliche Art, Endorphine freizusetzen, die dazu beitragen können, den Geisteszustand zu verbessern und ein Gefühl von Wohlbefinden zu vermitteln. Regelmäßige Masturbation kann dazu beitragen, die sexuelle Leistungsfähigkeit zu verbessern und mögliche Probleme wie erektile Dysfunktion oder vorzeitige Ejakulation bei Männern zu reduzieren. Regelmäßige Masturbation kann auch dazu beitragen, das Risiko einer Prostatitis (Entzündung der Prostata) zu reduzieren. Es wird angenommen, dass die Freisetzung von Prostatasekret während der Ejakulation dazu beiträgt, die Ansammlung von potenziell schädlichen Substanzen in der Prostata zu verhindern.

Auch bei der Frau hat die Masturbation positive Auswirkungen auf die Gesundheit. Sie hilft Stress abzubauen, indem Endorphine und andere Wohlfühlhormone wie Oxytocin ausgeschüttet werden. Diese Hormone können helfen, Ängste und Depressionen zu lindern und ein allgemeines Wohlbefinden zu fördern. Massage und Orgasmen können bei Frauen zur Schmerzlinderung beitragen, insbesondere bei Menstruationsbeschwerden und anderen zyklusbedingten Schmerzen.

Die beim Orgasmus freigesetzten Endorphine wirken als natürliche Schmerzmittel.

Regelmäßige sexuelle Aktivität, einschließlich Masturbation, kann die Immunfunktion verbessern. Studien haben gezeigt, dass sexuell aktive Menschen höhere Konzentrationen von Immunglobulin A (IgA) haben, einem Antikörper, der vor Infektionen schützt.

Regelmäßige Masturbation ist sicher und gesund, exzessive und zwanghafte Masturbation kann jedoch zu körperlichen Beschwerden führen oder sich negativ auf das psychische Wohlbefinden auswirken. Wie bei allen Aspekten der sexuellen Gesundheit ist es wichtig, auf die Bedürfnisse und Grenzen des eigenen Körpers zu hören und offen mit dem Partner zu kommunizieren. Die positiven Auswirkungen der Masturbation auf den Körper und die Körperfunktionen sind heute allgemein bekannt. Leider ist die Masturbation in einigen Kulturen und Religionen nach wie vor negativ besetzt.

Verschiedene Ansichten über Masturbation

Christentum: Innerhalb des Christentums gibt es je nach Konfession und theologischer Auslegung unterschiedliche Meinungen zur Masturbation. Einige christliche Traditionen, insbesondere die römisch-katholische Kirche, lehren, dass Masturbation eine sündhafte Handlung ist, da sie nicht auf Fortpflanzung abzielt und Sexualität außerhalb der Ehe fördert. Auch andere protestantische und orthodoxe Glaubensgemeinschaften können eine negative Einstellung zur Masturbation haben, obwohl die Meinungen innerhalb dieser Gemeinschaften variieren können.

Islam: Die meisten islamischen Gelehrten betrachten Masturbation als „makruh" oder unerwünscht, basierend auf verschiedenen Hadithen (Überlieferungen der Worte und Handlungen des Propheten Mohammed). Einige Gelehrte halten Masturbation sogar für „haram" (verboten), insbesondere wenn sie als Ersatz für eheliche Beziehungen angesehen wird. Es gibt jedoch auch Meinungen, die Masturbation in bestimmten Situationen für erlaubt halten, zum Beispiel wenn sie dazu beiträgt, „Zina" (außerehelichen Geschlechtsverkehr) zu vermeiden.

Judentum: Im Judentum wird Masturbation häufig als unangemessen angesehen, insbesondere in der orthodoxen Tradition. Die Tora verbietet direkt den „Verschwendungssamen", was oft als Verbot der Masturbation interpretiert wird. Einige jüdische Gelehrte argumentieren jedoch, dass diese Regel nur für Männer gilt und dass es keine explizite Regel gegen Masturbation für Frauen gibt. Es ist auch wichtig zu beachten, dass es innerhalb des Judentums eine Vielzahl von Meinungen gibt, und einige weniger orthodoxe Strömungen können liberalere Ansichten zur Masturbation vertreten.

Die Ansichten über Masturbation sind in jeder Religion unterschiedlich und werden von Faktoren wie kulturellen, sozialen und persönlichen Überzeugungen beeinflusst. Obwohl einige religiöse Traditionen die Masturbation negativ darstellen, gibt es oft unterschiedliche Interpretationen und Meinungen innerhalb dieser Gemeinschaften.

Frauen, Männer und Gentlemen, die aus anderen Kulturen kommen oder einer anderen Religion angehören, müssen für sich selbst entscheiden, wie sie mit dem Thema Masturbation umgehen. In diesem Ratgeber orientieren wir uns an medizinischen und selbstwirksamen Aspekten und nicht an kulturellen oder religiösen Überzeugungen. Körperliche Gesundheit und ein langes erfülltes Sexualleben stehen bei der Betrachtung im Vordergrund, den richtigen Umgang damit vorausgesetzt.

Masturbation richtig anwenden

Liebe Gentlemen: Wenn Ihre Partnerin keine Lust auf sexuelle Aktivitäten hat, ist es wichtig, ihre Entscheidung zu respektieren und ihre Grenzen zu akzeptieren. Masturbation ermöglicht Ihnen als Mann und Gentleman, Ihre sexuellen Bedürfnisse auf eigene Weise zu befriedigen und gleichzeitig die Wünsche Ihrer Partnerin zu respektieren. Üben Sie nie sexuellen Druck auf Ihre Partnerin aus und entziehen Sie Ihrer Partnerin nie die körperliche Nähe, wenn ihr gerade nicht nach Sex mit Ihnen ist. Masturbieren Sie lieber, wenn sie es gerade nicht aushalten.

Als sexuell aktiver Mann und Gentleman, der Masturbation als eine Form der sexuellen Befriedigung einsetzt, sollten Sie die folgenden Aspekte beachten:

Privatsphäre: Achten Sie darauf, Ihre Masturbation in einer privaten Umgebung durchzuführen, in der Sie sich wohlfühlen und nicht von Ihrer Partnerin, anderen Personen oder anderen Personen gestört werden. Halten Sie Material zur Stimulation unter Verschluss.

Offene Kommunikation: Sprechen Sie offen mit Ihrer Partnerin über Ihre Bedürfnisse und Masturbationsgewohnheiten, um Missverständnisse zu vermeiden und sicherzustellen, dass sie sich in der Beziehung respektiert und geschätzt fühlt. Erwähnen Sie, dass Sie vielleicht lieber in sexueller Aktivität mit Ihrer Partnerin sind und dass Masturbation ein Mittel ist, Ihre sexuelle Spannung abzubauen. Erwähnen Sie zum Beispiel, dass sie bei Ihrer Befriedigung gerne an Ihre Partnerin denken, auch wenn Sie vielleicht zur visuellen Stimulation alternativ pornografisches Material für Ihre Stimulation verwenden. Schauen Sie sich das pornografische Material vielleicht auch gemeinsam mit ihrer Partnerin an und sprechen Sie darüber, was ihnen beiden als Paar am besten gefällt und guttut. Es gibt einige Frauen, die dabei Erregung verspüren, wenn Sie sich mit ihrem Partner einen Porno- oder Sexfilm anschauen.

Balance finden: Masturbation sollte nicht dazu führen, dass Sie weniger Interesse an intimen Momenten mit Ihrer Partnerin haben. Finden Sie eine Balance zwischen

Selbstbefriedigung und gemeinsamen sexuellen Aktivitäten, um eine erfüllende Beziehung aufrechtzuerhalten.

Achten Sie darauf, dass Sie mäßig masturbieren, so wie es Ihnen Freude bereitet, und keine Schmerzen oder Verletzungen verursachen. Übermäßiges Masturbieren kann dazu führen, dass das sexuelle Verlangen nachlässt und Sie Ihre Partnerin nicht mehr befriedigen können. Es kann aber auch die Libido stärken.

Wenn Sie Masturbation als eine Form der sexuellen Befriedigung nutzen und gleichzeitig als Gentleman die Bedürfnisse Ihrer Partnerin respektieren, können Sie eine gesunde und ausgeglichene Beziehung fördern. Offene Kommunikation und gegenseitiger Respekt sind entscheidend dafür, dass sich beide Partner in der Beziehung wohl und wertgeschätzt fühlen.

In manchen Paarbeziehungen kommt es auch vor, dass die Frau sich nach Nähe und Sexualität sehnt, der Mann aber die Lust daran verloren hat. Manche Männer kommen zum Beispiel nicht damit zurecht, dass sich die Frau nach Schwangerschaft und Geburt körperlich verändert hat oder haben Probleme und Stress bei der Arbeit. Hier ist es wichtig, als Vater und Mann frühzeitig mit seiner Partnerin darüber zu sprechen, damit sie ihre aktive Hilfe anbieten kann.

Für Frauen, die sich nach sexuellen Erlebnissen sehnen, die ihr männlicher Partner im Moment nicht bieten kann, ist die

Masturbation eine gute Möglichkeit, sich Befriedigung und Entlastung zu verschaffen, bis der Partner wieder bereit ist. Wenn beide Partner damit einverstanden sind, kann der Mann die Frau auch sehr gut oral befriedigen, solange er selbst dazu in der Lage ist. Die orale Befriedigung wird später noch ausführlich in diesem Buch behandelt.

Den Orgasmus als Mann steuern und verbessern

Vorzeitige Ejakulation (VE) ist eine sexuelle Funktionsstörung, bei der ein Mann schnell und ohne Kontrolle über den Orgasmus ejakuliert. Sie wird häufig definiert als Ejakulation innerhalb einer Minute oder weniger nach Beginn des Geschlechtsverkehrs oder als Unfähigkeit, die Ejakulation so lange zurückzuhalten, wie es für beide Partner wünschenswert ist. Davon sind nicht wenige Männer in Deutschland betroffen.

Die genauen Ursachen des vorzeitigen Samenergusses sind nicht vollständig bekannt, können aber sowohl psychologische als auch biologische Faktoren wie Angstzustände, Stress, hormonelle Ungleichgewichte, Entzündungen der Prostata und genetische Faktoren umfassen.

Masturbation kann vielen und vor allem auch gesunden Männern helfen, Orgasmus und Ejakulation zu unterdrücken, indem sie ihnen hilft, ihren Körper und ihre sexuellen Reaktionen besser zu verstehen. Durch Masturbation können Männer lernen, ihre Erregungszustände zu erkennen und zu kontrollieren, was ihnen helfen kann, den Orgasmus während des Geschlechtsverkehrs besser zu steuern. Inwieweit eine Funktionsstörung damit beseitigt werden kann, ist von der jeweiligen individuellen Situation abhängig.

Die folgenden Techniken bieten Möglichkeiten, die Orgasmusfähigkeiten von Männern zu verbessern.

„Länger Können" mit Ejakulationskontrolle?

Es gibt verschiedene Techniken, die Sie als Mann ohne weitere medizinische Hilfe anwenden können, um ihre Ejakulationskontrolle zu verbessern:

Start-Stopp-Technik: Bei dieser Methode stoppen Sie die sexuelle Stimulation kurz bevor Sie den Punkt erreichen, an dem die Ejakulation unvermeidlich wird. Nach einer Pause (Wartezeit) von etwa 30 Sekunden bis zu einer Minute kann die Stimulation wieder fortgesetzt werden. Dieser Vorgang kann mehrmals wiederholt werden, um die Ejakulationskontrolle zu trainieren.

Squeeze-Technik: Bei dieser Technik drücken Sie oder Ihre Partnerin den Penis an der Basis oder unterhalb des Peniskopfes zusammen, wenn Sie kurz vor dem Orgasmus stehen. Der leichte Druck kann helfen, die Erregung zu reduzieren und die Ejakulation hinauszuzögern.

Kegelübungen: Diese Übungen, die nach ihrem Erfinder Arnold H. Kegel (1894 bis 1981) benannt sind, stärken den Beckenboden, insbesondere den Musculus pubococcygeus (PC-Muskel), der an der Kontrolle der Ejakulation beteiligt ist. Sie können den PC-Muskel trainieren, indem Sie die Muskeln anspannen, mit denen Sie den Urinfluss stoppen würden, die Spannung einige Sekunden halten und dann loslassen. Diese Übung kann mehrmals am Tag wiederholt werden.

Atem- und Entspannungstechniken: Tiefes Atmen und Entspannung können helfen, Angst und Stress abzubauen, die mit einer vorzeitigen Ejakulation verbunden sein können. Wenn Sie lernen, sich während des Geschlechtsverkehrs zu entspannen, können Sie Ihre Erregung besser kontrollieren und die Ejakulation hinauszögern.

Auch die Partnerin kann von diesen Techniken profitieren, da eine verbesserte Ejakulationskontrolle dazu beitragen kann, den Geschlechtsverkehr für beide Partner befriedigender und angenehmer zu gestalten, weil der Mann seinen Orgasmus gezielt hinauszögern und sich besser auf den gemeinsamen sexuellen Genuss konzentrieren kann. Zögert der Mann seinen Orgasmus hinaus, kann die Erregung weiter steigen und zu einer besseren Qualität der Orgasmen beim Geschlechtsverkehr führen.

Eine bessere Kontrolle über den Orgasmus kann also dazu führen, dass beide Partner ihre sexuellen Bedürfnisse und Wünsche gegenseitig kontrollierter erfüllen können, was zu einer stärkeren emotionalen und sexuellen Bindung führen kann. Darüber hinaus kann eine offene Kommunikation über Ejakulationskontrolle und das gemeinsame Üben von Techniken wie der Start-Stopp-Technik oder der Squeeze-Technik das gegenseitige Verständnis und Vertrauen zwischen den Partnern fördern. Bitten Sie Ihre Partnerin, Sie bei Ihren Übungen zu unterstützen, wenn Sie das für sich als notwendig erachten.

Paare können auch von einer Sexualtherapie oder einer Beratung profitieren, wenn sie Schwierigkeiten haben, diese Probleme allein zu bewältigen. Wie es intim zu zweit als Paar in einem solchen Fall gehen kann, zeigt die folgende Geschichte:

Maria und Tom waren seit einigen Jahren ein Paar und genossen ihre gemeinsame Zeit und die Verbindung, die sie miteinander hatten. Allerdings gab es ein Problem, das ihrer beider Sexualleben belastete: Tom litt unter vorzeitiger Ejakulation, was dazu führte, dass ihre intimen Momente oft kurz und unbefriedigend waren. Trotz ihrer tiefen Liebe füreinander fühlten sie, dass etwas fehlte. Eines Abends, nachdem sie ein romantisches Abendessen bei Kerzenschein genossen hatten, beschlossen Maria und Tom, offen über Toms Problem zu sprechen. Maria drückte ihre Unterstützung und Bereitschaft aus, gemeinsam an einer Lösung zu arbeiten. Nach einigen Recherchen stießen sie auf die Start-Stopp-Technik und beschlossen, diese in ihre intimen Momente einzubauen. In der folgenden Nacht bereiteten sie das Schlafzimmer vor, um die perfekte Atmosphäre für ihre neue Erfahrung zu schaffen.

Sanftes Licht von Duftkerzen und leise, beruhigende Musik erfüllten den Raum. Sie begannen damit, sich gegenseitig zärtlich und liebevoll zu berühren, um ihre Verbindung zu vertiefen
und ihre Erregung langsam aufzubauen. Als sie spürten, dass
die Intensität zunahm, wechselten sie zu einer sanften und
langsamen Penetration. Tom konzentrierte sich darauf, seine
Erregung genau wahrzunehmen. Als er fühlte, dass er kurz da-
vor war, den Punkt ohne Wiederkehr zu erreichen, signalisierte
er das Maria, und sie stoppten ihre Bewegungen. Sie hielten
einander fest, küssten sich und genossen die Nähe, während
sie warteten, dass Toms Erregung etwas nachließ. Nach einer
kurzen Pause setzten sie ihre Liebkosungen fort und wieder-
holten den Prozess einige Male. Bei jedem Stopp wuchs ihre
emotionale Verbindung, und sie genossen die Intensität der
neu entdeckten Kontrolle. Schließlich, als sie sich beide bereit
fühlten, ließen sie sich gemeinsam in einen erfüllenden Orgasmus fallen, der ihre Liebe und Hingabe zueinander wider-
spiegelte. Von diesem Moment an wurde die Start-Stopp-
Technik zu einem festen Bestandteil ihres Liebeslebens. Ihre
sexuellen Begegnungen wurden länger, befriedigender und intensiver, und ihre emotionale Verbindung wurde gestärkt. Das
gegenseitige Verständnis und die Unterstützung, die sie während dieser Erfahrung zeigten, verliehen ihrer Beziehung eine
neue Tiefe und führte sie zu einer noch stärkeren Liebe und
Zuneigung füreinander.

Den Orgasmus als Frau verbessern

Da Männer und Frauen hinsichtlich der Empfindungen ihrer Sexualorgane weniger unterschiedlich sind als landläufig angenommen, können natürlich auch Frauen Ihre Orgasmusfähigkeit mit entsprechenden Übungen verbessern.

Kegel-Übungen: Kegel-Übungen stärken auch bei der Frau die Beckenbodenmuskulatur, die bei der Kontrolle der Blase und der sexuellen Funktion eine Rolle spielt. Durch das regelmäßige Trainieren dieser Muskeln können Frauen ihre vaginale Straffheit erhöhen, die Empfindungen beim Geschlechtsverkehr verbessern und möglicherweise intensivere Orgasmen erleben. Um Kegel-Übungen durchzuführen, spannt eine Frau die Muskeln an, die Sie verwenden würde, um den Urinfluss zu stoppen, sie hält die Anspannung für einige Sekunden und lässt dann wieder los. Auch diese Übung kann mehrmals täglich wiederholt werden.

Selbstbefriedigung: Die Erkundung des eigenen Körpers und das Erlernen der eigenen sexuellen Vorlieben und Empfindungen können dazu beitragen, das sexuelle Erleben zu verbessern. Selbstbefriedigung ermöglicht es Frauen, ihre erogenen Zonen zu entdecken und herauszufinden, welche Arten von Berührungen und Stimulationen am meisten Freude bereiten.

Atem- und Entspannungstechniken: Tiefes Atmen und Entspannung können dazu beitragen, Stress abzubauen und die Konzentration auf die körperlichen Empfindungen während der sexuellen Aktivität zu erhöhen. Frauen können verschiedene Atemtechniken üben, um ihre Atmung zu vertiefen und ihren Körper und Geist zu entspannen.

Körperliche Fitness: Regelmäßige körperliche Bewegung kann das allgemeine Wohlbefinden und das sexuelle Erleben verbessern. Bewegung fördert die Durchblutung, erhöht die Energie und verbessert das Selbstbewusstsein, was alles dazu beitragen kann, das sexuelle Erleben zu steigern.

Yoga und Stretching: Yoga und Stretching können die Flexibilität, die Körperwahrnehmung und die Entspannung fördern, was das sexuelle Erleben verbessern kann. Bestimmte Yoga-Posen können auch die Beckenbodenmuskulatur stärken und die Durchblutung im Beckenbereich erhöhen, was zu erhöhter Empfindung und erfüllenderen sexuellen Erfahrungen führen kann.

Sprechen Sie als Mann und Gentleman diese Themen in Ihrer Beziehung offen an und finden Sie gemeinsam mit Ihrer Partnerin heraus, wie Sie Ihr sexuelles Empfinden diesbezüglich verbessern können. Nur wer sich selbst und seinen Körper kennt, kann dies auch seiner Partnerin vermitteln.

Kapitel 08

Küssen und Verführung

Warum gutes Küssen der Schlüssel ist

Küssen ist eine intime, gefühlvolle und romantische Geste, bei der zwei Menschen zärtlich ihre Lippen berühren oder ihre Lippen sanft auf die Haut des anderen legen. Es ist eine der schönsten Arten, Zuneigung, Liebe und Leidenschaft auszudrücken. Wenn Mann und Frau sich beim Liebesspiel oder im Alltag innig küssen, entsteht eine besondere Verbindung, die sie auf einer tiefen Ebene miteinander teilen. Was viele Männer völlig unterschätzen: Küssen ist für viele Frauen der Schlüssel zur Sexualität.

Bei dieser zärtlichen Begegnung geschieht im Körper Wunderbares. Beim Küssen werden Neurotransmitter wie Dopamin und Serotonin ausgeschüttet, die zur Stimmungsaufhellung und zum Gefühl von Glück und Zufriedenheit beitragen. Auch Oxytocin, das sogenannte „Kuschelhormon", wird ausgeschüttet und erzeugt ein Gefühl der Nähe und Verbundenheit zwischen den Liebenden.

Gleichzeitig wird Adrenalin ausgeschüttet, das den Herzschlag und die Blutzirkulation beschleunigt und das Paar in einen Zustand erhöhter Wachsamkeit und Erregung versetzt. Die Empfindungen und Berührungen beim Küssen stimulieren die Sinne und erzeugen eine wohltuende Wärme, die sich im ganzen Körper ausbreitet.

Küssen kann sowohl bei Männern als auch bei Frauen zu sexueller Erregung führen, da die Lippen und der Mund reich an Nervenenden sind und daher sehr empfindlich auf Berührungen reagieren. Küssen schärft die Sinne und weckt die Vorfreude auf eine tiefere körperliche Verbindung. Die Lippen sind also eine hoch erogene Zone bei Mann und Frau.

Oft dient das Küssen als Einstieg in das Vorspiel und den späteren Geschlechtsverkehr, da es die Intimität zwischen den Partnern steigert und Vertrauen und emotionale Nähe fördert. Zarte Berührungen der Lippen, sanftes Streicheln der Haut und liebevolle Umarmungen lassen die Leidenschaft zwischen den Liebenden langsam aufkeimen, bis sie sich schließlich dem Rhythmus ihrer Körper hingeben und in der Ekstase der Vereinigung verschmelzen.

Küssen ist also ein sinnliches und romantisches Erlebnis, das die emotionale und körperliche Verbindung zwischen Mann

und Frau intensiviert und den Weg für eine erfüllende, liebevolle und leidenschaftliche sexuelle Begegnung ebnet.

Küssen hat weitere Vorteile:

- Küssen kann das Immunsystem stärken: Beim Küssen
  werden Speichel und Bakterien ausgetauscht, was
  dazu führt, dass der Körper Antikörper bildet, um diese
  Bakterien abzuwehren. Dies kann das Immunsystem
  stärken und die Anfälligkeit für Infektionen verringern.
- Küssen verbrennt Kalorien: Auch wenn Küssen keine intensive sportliche Betätigung ist, verbrennt es doch einige Kalorien. Schätzungen zufolge werden beim Küssen je nach Intensität zwischen 2 und 26 Kalorien pro
  Minute verbrannt.
- Küssen kann die Beziehung stärken: Regelmäßiges Küssen kann dazu beitragen, eine engere Bindung und eine
  stärkere emotionale Bindung zwischen den Partnern
  aufzubauen, was zu einer glücklicheren und erfüllteren
  Beziehung führt.

Küssen und Erregung

Was unerfahrene oder unaufgeklärte Männer nicht verstehen,
wenn sie beim Küssen schnell sexuelle Erregung spüren:
Frauen brauchen meist länger als Männer, um sexuell in Erregung zu kommen. Bei sexuell aktiven Männern setzt die körperliche Reaktion beim Liebesspiel, beim Küssen oder bei

Berührungen sehr schnell ein. Die Schwellkörper im Penis nehmen ihre Funktion auf, füllen sich mit Blut und die Erektion ist da. Der Mann ist zumindest körperlich bereit für Geschlechtsverkehr und Fortpflanzung. Das ist wohl bei etwa 40 bis 50 Prozent der Männer der Fall, wenn man den Statistiken oder besser den Umfragen glauben darf.

Jeder Mann ist individuell und es gibt sicher auch Frauen, die schnell in Erregung kommen. Frauen sind jedoch mehr oder stärker mit ihrer Psyche involviert und legen deshalb mehr Wert auf emotionale Bindung und Intimität als Männer, bevor sie sexuell erregt werden. Küssen kann helfen, diese Verbindung herzustellen und es erfordert mehr Zeit und Zärtlichkeit, um eine tiefere emotionale Verbindung zu erreichen, die für Frauen erregend ist. Männer, die sexuell eher auf sich selbst bezogen sind und schnelle Befriedigung suchen, haben dafür wenig oder gar kein Verständnis.

Frauen und Männer haben unterschiedliche sexuelle Reaktionszyklen, wobei Frauen im Allgemeinen länger brauchen, um erregt zu werden und einen Orgasmus zu erreichen. Daher benötigen Frauen möglicherweise mehr Zeit und Stimulation, um durch Küssen in Verbindung mit anderen Formen der Intimität sexuell erregt zu werden. Frauen können empfänglicher für sexuelle Erregung sein, wenn sie sich in einer vertrauensvollen und offenen Beziehung befinden, in der sie ihre Bedürfnisse, Wünsche und Grenzen kommunizieren können. Vertrauen aufzubauen und ein sicheres Umfeld für Intimität zu schaffen, kann mehr Zeit in Anspruch nehmen, trägt aber letztendlich zu einer erfüllenderen und angenehmeren sexuellen Erfahrung bei.

Frauen brauchen darüber hinaus oft eine größere Vielfalt an Berührungen und Stimulationen, die über das Küssen hinausgehen. Daher kann es länger dauern, bis sie durch Küssen allein erregt werden, während sie auf andere Formen der Berührung und Intimität in Kombination mit Küssen auch schneller reagieren können. Das ist wiederum individuell sehr verschieden. Hat eine Frau sexuell Vertrauen zu Ihrem Partner aufgebaut, kann es durchaus schneller gehen.

Es gibt auch Männer, die mehr Stimulation benötigen und erst zur Erregung kommen, wenn Sie mit einer Frau eine tiefere emotionale und vertraute intime Verbindung aufgebaut haben. Männer, die hochsensibel sind und sich viele Gedanken über ihre Sexualität machen, können zu dieser Gruppe gehören. Diese Männer sind meist auch sehr gute Küsser. Sie erinnern sich: Männer mit demisexueller Neigung oder Ausrichtung gehören dazu.

Als Mann und Gentleman ist es für eine befriedigende Sexualität beider Partner daher eher hilfreich, sich Gedanken über die unterschiedlichen Reaktionszeiten und unterschiedlichen Bedürfnisse beider Partner zu machen, um über das Küssen und dessen positive Effekte einen romantischen und einfühlsamen Einstieg in intime Momente zu finden.

Tipps: Lassen Sie sich als Gentleman einfach viel Zeit beim Küssen und gehen Sie auf die Bedürfnisse und Wünsche ihrer Partnerin ein. Steigern Sie die Erregung in dem Tempo, in dem es für Sie beide zu erfüllenden intimen Momenten über das Küssen kommt. Küssen Sie Ihre Partnerin immer und bei jeder Gelegenheit, wenn Ihre Partnerin das schön findet. Überraschen Sie Ihre Partnerin gelegentlich über Tag mit einer Umarmung, einer zärtlichen Berührung und/oder ein paar Küssen.

Wie Sie gut küssen lernen

Um das Küssen in intimen Momenten und beim Sex besonders lustvoll und erregend zu gestalten, gibt es einfache Techniken und Ansätze, die Ihnen helfen können:

Fangen Sie langsam an: Beginnen Sie mit sanften und zärtlichen Küssen, um Intimität und eine Verbindung zur Partnerin aufzubauen. Achten Sie auf die Reaktionen Ihrer Partnerin, um herauszufinden, welche Art von Küssen sie bevorzugt.

Variation: Integrieren Sie verschiedene Kusstechniken wie geschlossene, offene oder feuchte Küsse und wechseln Sie zwischen ihnen. Benutzen Sie Ihre Lippen und Ihre Zunge, um die Lippen und den Mund Ihrer Partnerin zu erforschen und zu stimulieren. Fangen Sie immer sanft an und steigern Sie den Druck und die Intensität, wenn Sie merken, dass Ihre Partnerin es leidenschaftlicher mag.

Körperliche Nähe: Bringen Sie Ihren Körper näher zu Ihrer Partnerin und umarmen Sie sie sanft, während Sie sie küssen. Berühren Sie Hände, Arme, Rücken oder Beine, um die körperliche Verbindung zu intensivieren. Sie können auch mit einem zärtlichen Vorspiel und langsamen Berührungen anfangen, bevor Sie vorsichtig mit dem Küssen loslegen. Halten Sie zuvor Blickkontakt und schauen Sie Ihrer Partnerin in die Augen, bevor Sie vielleicht beim Küssen die Augen schließen.

Küssen Sie den ganzen Körper: Küssen Sie nicht nur die Lippen Ihrer Partnerin, sondern auch andere erogene Zonen wie Hals, Ohrläppchen, Brust oder die Innenseite der Oberschenkel. Achten Sie dabei auf die Reaktionen Ihrer Partnerin und auf ihre Vorlieben. Fragen Sie sie, was ihr am besten gefällt und was sie körperlich erregt. Fragen Sie, ob sie es lieber zärtlich oder vielleicht etwas fester mag. Frauen haben diesbezüglich unterschiedliche Bedürfnisse, wobei sie zu Beginn meist die zärtlichen Varianten des Liebesspiels bevorzugen.

Kommunikation: Sprechen Sie mit Ihrer Partnerin über ihre Vorlieben und Bedenken beim Küssen. Fragen Sie sie, ob sie bestimmte Techniken oder Berührungen bevorzugt, und respektieren Sie ihre Grenzen und Wünsche. Als Mann und Gentleman ist es am besten, das Küssen langsam und zärtlich zu beginnen und auf die Signale der Partnerin zu achten. Achten Sie auf Atmung, Körpersprache und verbale Hinweise Ihrer Partnerin, um zu erkennen, ob ihr die Art des Küssens gefällt oder ob Sie Ihre Kuss-Technik anpassen müssen.

Es ist schwierig, allgemeine Vorlieben von Frauen beim Küssen festzulegen, da jeder Mensch andere Vorlieben und Abneigungen hat. Einige Frauen bevorzugen sanfte, zärtliche Küsse, während andere leidenschaftliche, tiefe Küsse genießen. Kommunikation und Offenheit sind wichtig, um herauszufinden, was Ihrer Partnerin am besten gefällt. Finden Sie heraus, was Sie beide in intimen Momenten am meisten genießen, aber zerstören Sie nicht den schönen Moment mit zeitlich unpassenden Fragen.

Wissenswertes über die Haut

Die Haut spielt beim Sex eine zentrale Rolle, denn sie ist das größte Sinnesorgan des Körpers und enthält zahlreiche Nervenenden, die auf unterschiedliche Reize reagieren. Die Empfindlichkeit der Haut und die Art der Stimulation, die Menschen bevorzugen, können aufgrund individueller Unterschiede, persönlicher Vorlieben und genetischer Faktoren variieren.

In der Haut gibt es verschiedene Rezeptoren, die auf unterschiedliche Reize reagieren, z. B. Mechanorezeptoren, die auf Druck, Vibration und Berührung reagieren, Thermorezeptoren, die Temperaturänderungen wahrnehmen, und Nozizeptoren, die auf Schmerz reagieren.

In intimen und sexuellen Momenten können verschiedene Reize und Stimulationen der Haut das sexuelle Vergnügen und die Erregung steigern. Manche Menschen bevorzugen zärtliche Berührungen, die Mechanorezeptoren ansprechen, während andere intensivere Reize wie Druck oder Schmerz bevorzugen, die sowohl Mechanorezeptoren als auch Nozizeptoren ansprechen.

Um die Orgasmusfähigkeit über die Haut zu verbessern, ist es wichtig, die erogenen Zonen zu erforschen und herauszufinden, welche Hautpartien besonders empfindlich sind und stärker auf Berührungen reagieren. Jeder Mensch hat individuelle erogene Zonen, die bei Stimulation zur Erregung und zum Orgasmus führen können oder bei Stimulation der Haut einen Orgasmus begünstigen.

Es kann sehr hilfreich sein, die Art der Berührung, den Druck und die Intensität zu variieren, um herauszufinden, welche Stimulationen am angenehmsten und erregendsten sind. Dies kann dazu beitragen, das sexuelle Erleben und die Orgasmusfähigkeit zu verbessern.

Auch hier ist die Kommunikation entscheidend, um ein erfüllendes sexuelles Erlebnis zu schaffen, das auf den individuellen Bedürfnissen beider Partner basiert. Sprechen Sie offen mit Ihrer Partnerin über Ihre Wünsche, Vorlieben und Grenzen bei der Stimulation der Haut und teilen Sie Ihre persönlichen Vorlieben in Bezug auf Sensibilität und erogene Zonen. Schaffen Sie außerdem eine entspannte und vertrauensvolle Atmosphäre, in der Sie sich beide sicher fühlen, Ihre Empfindlichkeiten und Bedürfnisse zu erkunden. Entspannung erhöht die

Empfindsamkeit der Haut und erleichtert die sexuelle Erregung und den Orgasmus.

Sexuelle Stimulation umfasst mehr als die direkte Stimulation der Geschlechtsorgane, da sie auch emotionale, psychologische und sensorische Aspekte beinhaltet. Küssen und Berühren der Haut sind wichtige Bestandteile der sexuellen Intimität, da sie dazu beitragen, emotionale Nähe und Vertrauen zwischen Ihnen und Ihrer Partnerin aufzubauen und das körperliche Vergnügen zu steigern.

Küssen und Hautkontakt stimulieren eine Vielzahl von Sinnesrezeptoren und erogenen Zonen am ganzen Körper, die zu sexueller Erregung und Lust beitragen können. Diese Aktivitäten fördern die Ausschüttung von Hormonen und Neurotransmittern, die das allgemeine Wohlbefinden, die Bindung und die Entspannung verbessern. Die Einbeziehung von Küssen und Hautkontakt in die sexuelle Erfahrung schafft eine tiefere emotionale Bindung und erhöht das sexuelle Vergnügen für beide Partner.

Es ist auch hier klar, dass individuelle Vorlieben und Empfindlichkeiten variieren und nicht alle Männer oder Frauen die gleiche Art von Stimulation benötigen oder bevorzugen. Obwohl es oft als einfacher angesehen wird, Männer sexuell zu erregen, weil ihre Geschlechtsorgane stärker exponiert sind und sie möglicherweise schneller auf direkte Stimulation reagieren, sind Männer und Frauen unterschiedlich und haben unterschiedliche Vorlieben und Empfindlichkeiten.

Sowohl Männer als auch Frauen können von Küssen, Hautkontakt und anderen Formen der Stimulation, die über die direkte Stimulation der Geschlechtsorgane hinausgehen, profitieren. Wenn Sie als Mann und Gentleman eine Vielzahl von
Sinneserfahrungen in Ihr sexuelles Erleben und Ihre intimen
Momente einbeziehen, können Sie und Ihre Partnerin eine tiefere emotionale Bindung und ein erfüllteres sexuelles Vergnügen mit höherer Orgasmusfähigkeit erreichen.

Diese romantische Geschichte erzählt davon: Leo und Mia
verbrachten einen Urlaub in einer abgelegenen Waldhütte, um
dem Alltagsstress zu entfliehen und Zeit miteinander zu verbringen. Eines Tages beschlossen sie, einen abgelegenen See
zu erkunden, von dem sie in einem besonderen Reiseführer
gelesen hatten. Sie machten sich auf den Weg und folgten einem schmalen Pfad, der sie tief in den Wald führte. Als sie den
See erreichten, waren sie von dessen atemberaubender
Schönheit überwältigt. Das Wasser glitzerte in der Sonne, und
ein sanfter Wind wehte durch die Bäume und spielte mit ihren
Haaren. Sie entschieden sich, am Ufer des Sees zu verweilen
und die idyllische Atmosphäre zu genießen. Mia legte sich auf
eine Decke, während Leo sich neben sie setzte. Sie begannen
sich leise zu unterhalten und tauschten liebevolle Blicke aus.
Der Blick auf den See war atemberaubend, es war warm und
sie waren vollkommen ungestört. Schon bald wurde die Stimmung intimer, und sie begannen sich zärtlich zu küssen. Ihre
Lippen trafen sich in sanften, liebevollen Küssen, während
ihre Hände begannen, einander zu erkunden. Die Umgebung
verstärkte ihre Intimität, und sie ließen sich vollkommen in

diesen magischen Moment fallen. Leo strich vorsichtig mit seinen Fingern über Mias Arme und ihre Schultern, was eine Gänsehaut auf ihrer Haut hervorrief. Mia genoss die sanften Berührungen und begann, Leos Brust und Bauch zu streicheln. Ihre Hände glitten langsam über die Haut des anderen und erkundeten jeden Zentimeter ihrer Körper. Die sexuelle Spannung zwischen ihnen wuchs stetig an, und ihre Küsse wurden leidenschaftlicher. Leo küsste Mias Hals, was sie erzittern ließ, und sie rückte noch näher an ihn heran. Mia streichelte Leos Haar und zog ihn näher an sich, während ihre Küsse tiefer und inniger wurden. Ihre Atemzüge wurden schwerer, und ihre Herzen schlugen im Einklang. Inmitten der Stille des Waldes und der Schönheit des Sees wurden ihre Berührungen immer zärtlicher und verführerischer. Die sanfte Stimulation ihrer Haut löste in beiden eine Welle der Erregung aus, die sie nie zuvor erlebt hatten. Sie genossen das unbeschreibliche Gefühl, nur durch Küsse und Hautkontakt erregt zu werden, und es schien, als ob die Zeit stillstand. In diesem Moment der Ekstase waren sie vollkommen aufeinander konzentriert, und ihre Körper reagierten auf jede noch so kleine Berührung. Schließlich fanden sie sich in den Armen des anderen wieder, ihre Lippen verschmolzen in einem letzten, leidenschaftlichen Kuss. In dieser unvergesslichen, romantischen Begegnung erreichten sie fast den Höhepunkt, nur durch die Kraft ihrer Liebe und der Berührungen, die ihre Körper und Seelen miteinander verbanden. Die Sonne neigte sich langsam dem Horizont zu, und sie verharrten in der Umarmung des anderen, dankbar für das unvergleichliche Erlebnis, das sie miteinander geteilt hatten. In dieser abgelegenen, geheimnisvollen Oase der Natur und aufgrund ihres hocherotischen und sinnlichen intimen Momentes hatten sie eine neue Tiefe ihrer Liebe und Verbundenheit entdeckt. Die Schönheit und Ruhe der Natur hatte ihren Gefühlen Raum gegeben, sich zu entfalten und ihre Intimität auf eine ganz neue Ebene zu heben. Sie fühlten sich erhaben, diesen kostbaren Moment miteinander geteilt zu haben, und wussten, dass ihre Liebe durch diese Erfahrung noch stärker geworden war. Als der Abend hereinbrach, kehrten Leo und Mia Hand in Hand zur Waldhütte zurück, die Sterne am Himmel zeugten von der Magie ihrer gemeinsamen Zeit am See. In der Wärme ihrer Hütte ließen sie den Tag Revue passieren, ihre Herzen erfüllt von der tiefen Liebe und Zuneigung, die sie füreinander empfanden. Diese besondere Erfahrung am See sollte für immer in ihren Erinnerungen verankert bleiben, ein kostbares Kleinod ihrer Liebe und Verbundenheit. Die Zärtlichkeit und Intimität, die sie dort erlebt hatten, lehrte sie, wie wichtig es ist, sich Zeit füreinander zu nehmen und den Zauber der gemeinsamen Berührung zu schätzen. Jeder neue Tag, den sie zusammen verbrachten, war ein Geschenk, und sie wussten, dass sie diese Erfahrung am See als Inspiration nutzen würden, um ihre Liebe weiter wachsen zu lassen und ihre Bindung zu vertiefen. In der Stille und Schönheit der Natur hatten sie die wahre Kraft der Liebe, der Berührung und der Verbundenheit erfahren.

Die Kunst der Verführung

Warum spricht man beim Sex von der Kunst der Verführung?

Im Zusammenhang mit Sex ist von der Kunst der Verführung die Rede, weil Verführung ein wichtiger Aspekt der sexuellen Begegnung ist. Verführung ist ein subtiler und kreativer Ansatz, um Interesse, Verlangen und Erregung zwischen Ihnen und Ihrer Partnerin zu wecken. Sie ist eine Kunst, denn sie erfordert Geschick, Einfühlungsvermögen und Verständnis für die Bedürfnisse und Vorlieben Ihrer Partnerin, um effektiv und attraktiv zu sein. Die Kunst der Verführung umfasst verschiedene Elemente, über die sich ein für Frauen sexuell attraktiver Mann und Gentleman im Klaren sein sollte:

Kommunikation: Die Fähigkeit, verbale und nonverbale Signale zu senden und zu empfangen, ist entscheidend für die Verführung. Flirten, Komplimente und subtile Andeutungen können dazu beitragen, das Interesse und die Aufmerksamkeit Ihrer Partnerin zu wecken. „Zuhören können" ist in der Sexualität eine der wichtigsten Fähigkeiten in Verbindung mit Kommunikation.

Ästhetik und Präsentation: Das äußere Erscheinungsbild und die Art, wie man sich präsentiert, spielen ebenfalls eine Rolle bei der Verführung. Kleidung, Körpersprache und Parfum können dazu beitragen, Attraktivität und Selbstbewusstsein auszustrahlen.

Emotionaler Bezug: Die Fähigkeit, eine emotionale Verbindung zu Ihrer Partnerin herzustellen und Empathie und Verständnis zu zeigen, sind weitere wichtige Aspekte der Verführung.

Sinnlichkeit: Die Verwendung von sinnlichen Berührungen, Küssen und anderen körperlichen Gesten kann die Erregung steigern und die Verführung intensivieren. Dabei ist es wichtig, auf die Reaktionen Ihrer Partnerin zu achten und ihre Grenzen zu respektieren.

Fantasie und Kreativität: Die Fähigkeit, die Fantasie Ihrer Partnerin anzuregen und überraschende oder aufregende Situationen zu schaffen, kann ebenfalls zur Verführung beitragen. Dies kann durch Rollenspiele, erotische Geschichten oder das Ausprobieren neuer Erfahrungen erreicht werden.

Die Kunst der Verführung umfasst alle wichtigen Aspekte von Sex und Intimität, die dazu beitragen, eine sexuelle und intime Beziehung lebendig und spannend zu halten, emotionale Nähe zu fördern und die sexuelle Erfahrung für Sie und Ihre Partnerin zu bereichern.

Kapitel 09

Gute Technik bringt mehr Befriedigung

Sinnlichkeit, Romantik und Technik

Sinnlichkeit beim Sex bezieht sich auf das Erleben und Ausdrücken von Lust, Vergnügen und tiefer Verbundenheit durch die Aktivierung der Sinne und das Hervorrufen angenehmer Empfindungen. Es geht darum, die verschiedenen Aspekte der Berührung, des Geschmacks, des Geruchs, der Geräusche und der visuellen Reize zu nutzen, um ein intensives und lustvolles sexuelles Erlebnis zu schaffen. Sinnlichkeit kann helfen, eine tiefere emotionale Verbindung zwischen Partnern herzustellen und die sexuelle Erfahrung zu bereichern.

Romantik beim Sex hingegen bezieht sich auf die emotionalen Aspekte der sexuellen Begegnung. Sie umfasst liebevolle und zärtliche Gesten, die dazu beitragen, eine intime und vertrauensvolle Atmosphäre zu schaffen. Romantik kann durch liebevolle Worte, sanfte

Berührungen, Komplimente oder kleine Überraschungen ausgedrückt werden. Romantische Elemente im sexuellen Kontext helfen dabei, das Gefühl der Verbundenheit und Zuneigung zu vertiefen. Das Vorspiel ist der Teil des sexuellen Erlebnisses, der dem eigentlichen Geschlechtsverkehr vorausgeht. Es dient dazu, die Erregung beider Partner zu steigern und sie körperlich und emotional auf den Geschlechtsverkehr vorzubereiten.

Das Vorspiel zu sexuellen Erlebnissen kann eine Vielzahl von Aktivitäten wie Küssen, Streicheln, Massieren, orale Stimulation oder intime Gespräche umfassen und sollte auch Sinnlichkeit und Romantik nicht außer Acht lassen. Um aber eine wirklich gute Sexualität mit der Partnerin zu entwickeln, müssen beide Partner zum einen wissen, worum es geht und zum anderen darüber informiert sein, was dem anderen im Detail gefällt. Bei aller Romantik, Liebe und Sinnlichkeit geht es für beide Partner darum, die richtigen Techniken zu finden und zu erlernen, die für das Paar individuell wichtig und relevant sind.

Technik ist ein wichtiger Schlüssel zur Befriedigung

Liebe Gentlemen: wahrscheinlich wissen Sie schon, dass gute Sexualtechniken viele Vorteile haben, insbesondere wenn Sie als Mann ein gutes Verständnis für Ihren eigenen Körper und den Ihrer Partnerin haben und das bei Ihrer Partnerin umge-kehrt genauso ist. Dazu gehört auch, sich die wichtigen

Kenntnisse in Bezug auf die sexuelle Anatomie des von Mann und Frau anzueignen. Einerseits erhöht ein solches Verständnis die Intimität, da Sie sich emotional und körperlich näher fühlen, wenn Sie Ihren eigenen Körper und den des anderen gut kennen. Andererseits verbessert dies die Kommunikation, da offene Gespräche über Vorlieben, Grenzen und Bedenken viel leichter fallen, wenn Mann und Frau genau wissen, worüber sie sprechen. Letztendlich führt das zu einer stärkeren Bindung und einem tieferen Verständnis füreinander und für die körperlichen Möglichkeiten, die die interessanten Funktionen der Organe mit sich bringen.

Gute Sexualtechniken wirken sich nicht nur auf emotionaler, sondern auch auf körperlicher Ebene positiv aus. Zum einen kann durch das Eingehen auf die Bedürfnisse und Vorlieben des Partners die sexuelle Befriedigung erheblich gesteigert werden, so dass Sie beide ein erfüllteres Liebesleben genießen können. Zum anderen können durch geeignete Technik und Kommunikation Schmerzen und Unbehagen während des Geschlechtsverkehrs reduziert werden, was besonders für Menschen wichtig ist, die aufgrund von Vorerfahrungen oder körperlichen Empfindlichkeiten zu Beschwerden neigen. Auch Vorurteile, falsche Überzeugungen oder Schamgefühle können durch gemeinsame intime Arbeit und gute Techniken abgebaut werden. Insgesamt fördern gute Sexualtechniken Ihr körperliches Wohlbefinden durch angenehme und befriedigende Erfahrungen.

In der Praxis stellen sich für einen jungen oder auch älteren unerfahrenen Mann und Gentleman in Bezug auf die Sexualtechnik viele Fragen: Welche Techniken haben sich bewährt? Welche Techniken bringen Erfolg? Wie müssen die Körper von Mann und Frau am besten stimuliert werden, um zu einer erfüllenden gemeinsamen sexuellen Erfahrung zu kommen? Was ist genau wo und wie zu tun? Das Thema ist sehr vielfältig und von Mensch zu Mensch unterschiedlich zu betrachten.

Deshalb kann dieses Buch nur einen allgemeinen Blick auf Techniken werfen, die beschreiben, wie Männer und Frauen bei heute eher gesellschaftlich akzeptierten sexuellen Neigungen und Spielarten sexuell stimuliert werden können. Verschaffen Sie sich also erstmal einen allgemeinen Überblick über gängige erogene Zonen bei Frauen und Männern, bevor konkrete Techniken zur Sprache kommen.

Wo und wie Männer stimuliert werden

Stimulation der Geschlechtsorgane: Berührungen und Stimulationen des Penis und der Hoden können bei Männern zu Erregung führen. Insbesondere die Eichel, der Penisschaft und das Frenulum (Schmales Bändchen unter der Eichel) sind empfindliche Stellen, die bei Berührung und Stimulation mit Händen, Fingern, Mund und Zunge sexuelle Erregung hervorrufen können.

Berührung der Brustwarzen: Obwohl dies von Mann zu Mann unterschiedlich ist, können viele Männer durch die Stimulation der Brustwarzen erregt werden. Für einige ist die gleichzeitige Stimulation von Penis, Hodensack und Brustwarzen ein Hochgenuss.

Stimulation des Dammes und der Prostata: Der Damm (der Bereich zwischen Hodensack und Anus) und die Prostata sind bei vielen Männern erogene Zonen. Die Stimulation dieser Bereiche, sei es durch Berührungen oder durch anale Penetration, kann bei manchen Männern zu intensiver Erregung führen.

Berühren und Küssen anderer erogener Zonen: Andere erogene Zonen bei Männern können der Hals, die Ohren, die Innenseite des Oberschenkels und die Leistengegend sein. Diese Zonen können durch Küssen, Streicheln oder Liebkosen erregt werden.

Liebe Gentlemen: Erklären Sie Ihrer Partnerin beim Liebesspiel genau, was Sie und Ihren Körper wirklich erregt und welche Berührungen und Liebkosungen bei Ihnen zu schneller oder langsamer Befriedigung führen. Zeigen Sie Ihrer Partnerin in einem entspannten Rahmen, was Ihnen gefällt und welche Möglichkeiten sie hat, Sie sexuell zu stimulieren. Wenn Sie selbst darüber offen sprechen, kann Ihre Partnerin sich Ihnen auch besser hinsichtlich der eigenen Wünsche offenbaren und über ihre eigenen Bedürfnisse und Empfindungen sprechen. Sowohl bei Frauen als auch bei Männern spielt die

Neugier in intimen Situationen eine große Rolle. Es ist sinnvoll, diese Neugier zu befriedigen. Ihre Partnerin sollte wissen, wie sie Ihre Erregung am besten hervorrufen und befriedigen kann. Zeigen Sie, was Ihnen als Mann Spaß macht und Sie in Wallung bringt.

Erklären Sie Ihrer Partnerin aber auch, dass es Unterschiede in der sexuellen Empfindung und Erregbarkeit von Frauen und Männern gibt und dass Sie gerne herausfinden möchten, wo diese bei ihnen beiden individuell liegen. Zeigen Sie Ihrer Partnerin, dass Sie daran interessiert sind, auch ihre Vorlieben und Bedürfnisse kennenzulernen.

Wo und wie Frauen stimuliert werden

Sexuelle Erregung entsteht bei Frauen in der Regel durch:

Stimulation der Geschlechtsorgane: Die Vulva besteht aus verschiedenen Teilen des weiblichen Geschlechtsorganes mit dem Venushügel, den Schamlippen und der Klitoris. Bei Frauen wird auch der Scheidenvorhof zur Vulva gezählt. Von hier aus führt die Vagina zur Gebärmutter und die Harnröhre zur Harnblase. Die Vulva wird normalerweise von Schamhaar bedeckt. Berührungen und Stimulationen der Klitoris, des Kitzlers, der Schamlippen und der Vagina können bei Frauen zu Erregung führen. Die weibliche Klitoris ist viel größer als viele denken und besteht aus mehreren Teilen. Die äußerlich sichtbare Klitoris-Eichel, auch „Kitzler" genannt, ist der empfindlichste Teil des Organs, aber nicht der einzige. Die Klitoris hat doppelt so viele Nervenenden wie der Penis und wächst ein Leben lang weiter. Die Klitoris und der Penis haben denselben embryonalen Ursprung, weshalb die Organe sich in ihrer Funktion ähnlich sind. Die Klitoris spielt eine wichtige Rolle bei der Fortpflanzung, da sie während des Orgasmus Signale sendet, die den vaginalen Blutfluss verbessern und die Position des Gebärmutterhalses verändern können, um den Weg der Spermien zur Eizelle zu begünstigen. Die Klitoris ist ein sehr empfindliches und erregbares Organ, das sich oberhalb der Scheidenöffnung zwischen den Schamlippen, fälschlicherweise auch Vulva oder romantisch Venuslippen genannt, befindet. Sie ist ein wichtiger Teil der weiblichen Geschlechtsorgane, wenn es um die sexuelle Stimulation geht. Die Klitoris ist besonders empfindlich und ihre Stimulation mit Fingern und/oder Zunge und Lippen ist für viele Frauen der Schlüssel zum Orgasmus. Die Kitzler, der zur Klitoris gehört, ist dabei das weibliche Gegenstück zur männlichen Eichel. Manche Frauen erleben durch die gleichzeitige Stimulation von Klitoris, Kitzler und G-Punkt einen viel intensiveren Orgasmus als beim reinen Geschlechtsverkehr mit Penetration durch den Penis. Je nach Stellung beim Geschlechtsverkehr kann die Klitoris auch indirekt stimuliert werden. Der Begriff „Kitzler" wird oft als Synonym für die Klitoris verwendet.

Berührung der Brustwarzen: Viele Frauen empfinden die Stimulation der Brustwarzen als erregend und lustvoll. Küssen, Streicheln und Liebkosen der Brustwarzen können zu sexueller Erregung führen. Die gleichzeitige Stimulation der

Brustwarzen und der Klitoris oder anderen erogenen Zonen, auch mit gleichzeitigem Küssen, kann für Frauen sehr erregend sein.

Berührung der Brüste: Nicht alle Frauen mögen es, wenn die Brustwarzen stimuliert werden, weil diese sehr empfindlich reagieren können. Die meisten Frauen genießen es aber, wenn sich der Mann Ihren Brüsten in intimen Momenten oder beim Vorspiel mit seinen Händen widmet. Leichtes oder starkes Kneten und Greifen, ohne die Brustwarzen zu berühren, kann für Frauen sehr erregend sein.

Stimulation des G-Punkts: Der G-Punkt befindet sich an der Vorderwand der Vagina in Richtung Bauchseite und kann bei einigen Frauen durch gezielte Stimulation mit dem Penis oder den Fingern zu intensiven Orgasmen führen. Der G-Punkt ist etwa 2-3 cm vom Scheideneingang entfernt. Es wird angenommen, dass der G-Punkt eine Ansammlung von Nervenenden und Drüsen ist, die bei sexueller Stimulation anschwellen und intensivere Empfindungen hervorrufen können.

Berührung und Küssen anderer erogener Zonen: Andere erogene Zonen bei Frauen können der Hals, der Rücken, die Ohren, der Innenschenkel, der Bauchnabel und die Rückseite der Knie sein. Durch Küssen, Streicheln oder Liebkosen dieser Bereiche kann die sexuelle Erregung gesteigert werden. Die Stimulation individueller Druckpunkte unter der Haut kann für Frauen sehr erregend sein.

Wie bereits erwähnt, spielt die Haut eine wichtige Rolle bei der sexuellen Erregung der Frau, denn sie ist das größte Sinnesorgan des Körpers und reich an Nervenenden. Berührungen, Küssen und Streicheln der Haut können die Durchblutung und die Erregung steigern, vor allem in den erogenen Zonen, die besonders empfindlich auf Berührungen reagieren.

Jeder Mensch hat unterschiedliche Vorlieben und Empfindlichkeiten, so dass die erogenen Zonen und die Art der Stimulation, die Erregung und Orgasmen hervorrufen, von Person zu Person verschieden sind. Was eine Frau stimuliert, muss nicht auch für die andere gelten.

Liebe Gentlemen: In Bezug auf Techniken und körperliche Aspekte ist es wichtig, die empfindlichen Stellen und erogenen Zonen Ihrer Partnerin im Vorspiel zu erforschen und kennenzulernen. Jede Person ist einzigartig, und was für eine Person angenehm ist, kann für eine andere unangenehm sein. Das Erforschen und Kennenlernen der individuellen Empfindlichkeiten ermöglicht es, die Stimulation auf die Bedürfnisse und Vorlieben der Partnerin abzustimmen. Verschiedene Techniken und die Stimulation der erogenen Zonen können Abwechslung in das Vorspiel und den sexuellen Akt bringen. Die gezielte, einfühlsame, individuell und situativ abgestimmte Stimulation der erogenen Zonen führt bei vielen Frauen dazu, dass sie intensivere Orgasmen erleben. Das Kennenlernen der empfindlichen Stellen und erogenen Zonen einer Partnerin und das Ausprobieren im erotischen Liebesspiel ermöglicht es Ihnen, die Techniken zur Stimulation in kleinen Schritten zu verbessern. Wenn Sie mit der weiblichen Anatomie und den verschledenen Teilen und Funktionen der Vulva noch nicht vertraut sind, finden Sie unzählige Bilder und Erläuterungen dazu im Internet.

Der Irrtum beim Sex zwischen Mann und Frau

In vielen Fällen nehmen Frauen und Männer an, dass die erogenen Zonen und Empfindungen bei ihrem Partner ähnlich sind wie bei ihnen selbst, weil sie sich auf ihre eigenen Erfahrungen und Empfindungen beziehen. Dies kann jedoch zu großen Missverständnissen führen, da sich die erogenen Zonen und Empfindungen von Frauen und Männern in der Praxis stark voneinander unterscheiden.

Männer glauben oft, dass es ausreicht, die Frau so zu stimulieren, wie sie sich selbst stimulieren oder wie sie selbst am besten zum Höhepunkt kommen. Dadurch berühren sie die Frau beim Vorspiel und beim Sex vielleicht zu unsensibel, zu schnell und zu hart. Sie kommen zu schnell zur Sache und lassen der Frau nicht die Zeit, die sie im Liebesspiel und beim Vorspiel braucht. Frauen glauben oft, sie müssten den Mann so stimulieren, wie sie sich selbst stimulieren oder wie sie selbst erregt werden. Das kann dazu führen, dass sie den Mann an den falschen Stellen berühren, sich zu viel Zeit lassen und nicht auf den Punkt kommen. Sie gehen nicht schnell genug auf die Erregung des Mannes ein. Beides ist auf Dauer frustrierend.

Die Problematik dieser Annahmen liegt darin, dass man die individuellen Bedürfnisse und Vorlieben des Partners dadurch vernachlässigt, dass man ungefragt von sich auf den anderen schließt und somit das sexuelle Erleben für beide nicht oder nur zum Teil befriedigend ist.

Um das sexuelle Erleben für beide Partner zu verbessern, sollten Frauen und Männer schon zu Beginn ihrer Beziehung, in den ersten intimen Momenten vor dem Sex, sehr genau miteinander klären, wie sie sich gegenseitig am besten stimulieren können. Es ist hilfreich, sich vorher über die Anatomie und Physiologie des anderen Geschlechts zu informieren, um ein besseres Verständnis für die erogenen Zonen und mögliche Unterschiede zwischen den Geschlechtern zu entwickeln. Erwarten Sie nicht, dass Sie sofort alles über die erogenen Zonen und Empfindlichkeiten Ihrer Partnerin wissen. Geben Sie sich Zeit, Ihre Partnerin kennen zu lernen und gemeinsam das sexuelle Erleben zu erforschen und zu verbessern. Fragen Sie sich gegenseitig, was Sie erregt. Wenn Sie es nicht wissen, probieren Sie es einfach gemeinsam mit Einfühlungsvermögen, Spaß und Humor aus, wie zuvor beschrieben.

Natürlich kann auch ein Mann ähnliche Bedürfnisse haben wie eine Frau und umgekehrt. Wer sich aber in der beschriebenen Problematik wiederfindet, sollte etwas dagegen unternehmen. Das bringt Selbstvertrauen und ein besseres Selbstwertgefühl für beide Partner, weil es gelingt, dem Liebesspiel das Glücksgefühl zu geben, das der andere braucht. Eine enge und offene Absprache dazu kann Wunder bewirken.

Orgasmusprobleme Studien und Statistik

Studien aus den USA

Laut Internetrecherche vom März 2023 gibt es keine Studie oder Untersuchung, die sich ausschließlich mit der Häufigkeit des klitoralen Orgasmus bei Frauen befasst, aber es gibt einige Studien und Umfragen, die allgemeine Informationen und Statistiken über den weiblichen Orgasmus liefern. Eine dieser älteren Studien aus dem Jahr 2005 wird von Elisabeth Lloyd in ihrem Buch „The Case of the Female Orgasm: Bias in the Science of Evolution" besprochen.

Lloyds Analyse von 33 Studien aus den letzten 80 Jahren zeigt, dass etwa 25 Prozent der Frauen selten oder nie einen Orgasmus beim reinen Geschlechtsverkehr erleben, während etwa 67 Prozent der Frauen durch direkte klitorale Stimulation einen Orgasmus erreichen. Diese Zahlen deuten darauf hin, dass klitorale Orgasmen für viele Frauen eine häufige und wichtige Form der sexuellen Befriedigung darstellen. Eine weitere Studie aus den USA aus dem Jahr 2021 beschreibt vier Techniken, die Frauen anwenden, um die vaginale Penetration angenehmer und lustvoller zu gestalten:

Angling (Ausrichten): 87,5% der Frauen verändern die Position ihres Beckens oder ihrer Hüfte, um den Kontakt und das Gefühl während der Penetration zu verbessern. Frauen genießen die Penetration mehr, wenn sie ihr Becken oder ihre Hüfte drehen, heben oder senken. Es geht darum, die Reibung an der Vagina optimal zu nutzen und die Stellung so anzupassen, dass die Frau am meisten spürt.

Schaukeln: 76% der Frauen reiben die Basis des Penis oder eines Sexspielzeugs während der Penetration ständig an der Klitoris, indem sie es tief in der Vagina halten und dabei an der Klitoris berühren.

Shallowing (Dippen): 84% der Frauen bevorzugen eine flache Penetration, bei der nur der Scheideneingang stimuliert wird. Dabei wird die Vaginalöffnung vor und während des Eindringens sanft angeregt und stimuliert.

Pairing: 69,7% der Frauen erreichen häufiger einen Orgasmus, wenn ihre Klitoris (etwa unter Zuhilfenahme der Finger) zusätzlich zur vaginalen Penetration stimuliert wird.

Zum Begriff Penetration: Im sexuellen Kontext bezieht sich Penetration auf das Einführen des Penis in die Vagina, den Anus oder den Mund einer anderen Person. Penetration kann auch das Einführen von Fingern oder Sexspielzeug in Körperöffnungen wie Vagina, Anus oder Mund umfassen. Penetration ist eine gängige Praxis bei verschiedenen Arten sexueller Aktivitäten und kann sowohl zur sexuellen Befriedigung als auch zur Fortpflanzung beitragen. Die Studie[1] zeigt, dass Frauen verschiedene Techniken nutzen, um ihre sexuellen Erfahrungen beim Einführen des Penis in ihre Vagina angenehmer zu gestalten. Das Wissen um diese Techniken kann dazu beitragen, dass Frauen ihre eigenen Vorlieben besser verstehen und mit ihren Partnern kommunizieren können, um ein erfüllenderes sexuelles Erlebnis zu haben.

Sprechen Sie also vor und bei dem Geschlechtsverkehr mit Ihrer Partnerin darüber und finden Sie über verschiedene Stellungen und Methoden gemeinsam heraus, wie Sie Ihre Partnerin bei der Penetration in intimen Momenten am besten stimulieren können.

Orgasmusprobleme bei Männern und Frauen

Laut einer Umfrage des Sexspielzeugherstellers Arcwave[2] haben in Deutschland 48% der Männer und 18% der Frauen jedes Mal einen Orgasmus, wenn sie Sex mit ihrem Partner haben. Der „Orgasm Gap", also die Orgasmuslücke zwischen Männern und Frauen, liegt sowohl in Deutschland als auch in den USA[3] bei 30%. Bei der Masturbation erleben 59% der Befragten immer einen Orgasmus. Die Missionarsstellung, die Doggy-Stellung und die Reiterstellung sind in Deutschland die beliebtesten Sexstellungen. Mehr als die Hälfte der Frauen und 38% der Männer können offen über ihre sexuellen Vorlieben sprechen, während etwa ein Drittel dies nicht kann. Insgesamt bewerten nur 41% der Befragten in Deutschland ihr Sexualleben als „überdurchschnittlich gut", ein im internationalen Vergleich eher ernüchternder Wert.

Wie viele Menschen aufgrund mangelnder Aufklärung und Kommunikation Probleme mit dem Orgasmus haben oder überhaupt nicht zum Orgasmus kommen können, lässt sich nicht genau ermitteln, da die Betroffenen in Befragungen dazu eher keine oder nur zurückhaltende Angaben machen. Die Dunkelziffer ist hoch.

Stimuliert Oralverkehr Frauen besser?

Oralverkehr bei Frauen ist eine gute und manchmal bessere Alternative zur Penetration, weil er eine gezielte Stimulation der Klitoris und anderer erogener Zonen ermöglicht. Viele Frauen erreichen durch klitorale Stimulation eher einen Orgasmus als durch vaginale Penetration (allein).

Dazu eine Geschichte: In einem kleinen Dorf, umgeben von sanften Hügeln und blühenden Feldern, lebten Julia und Tom. Sie hatten sich vor einigen Jahren kennengelernt und waren seitdem unzertrennlich. Ihre Beziehung war geprägt von Vertrauen, tiefem Verständnis und einer Leidenschaft, die mit jedem Tag stärker wurde. An einem warmen Frühlingsabend beschlossen sie, einen romantischen Spaziergang zu unternehmen, um den Sonnenuntergang gemeinsam zu genießen. Während sie Hand in Hand durch die Natur wanderten, erreichten sie eine kleine Lichtung, die von duftenden Blumen umgeben war. Die untergehende Sonne tauchte die Landschaft in ein sanftes, goldenes Licht, und ein leichter Wind spielte mit Julias Haaren. Sie beschlossen, sich auf einer weichen Decke niederzulassen und den Moment zu genießen. Tom begann, Julia zärtlich zu küssen, und seine Hände streichelten liebevoll ihren Körper. Julia spürte, wie ihre Erregung wuchs, und sie ließ sich von Toms liebevollen Berührungen leiten. Nach einer Weile begann Tom, seinen Weg langsam von Julias Lippen zu ihrem Hals und schließlich zu ihrem Dekolleté zu küssen. Mit jeder Berührung seiner Lippen wurde Julias Verlangen stärker. Als Tom schließlich den Bund ihrer Hose öffnete, konnte er den verführerischen Duft ihrer Erregung wahrnehmen. Er fühlte sich von ihrer Weiblichkeit angezogen und wollte nichts lieber, als ihr Vergnügen und Lust zu bereiten. Sanft entfernte er ihre Kleidung und begann, ihre Oberschenkel zu küssen, während er sich langsam ihrer schon leicht erregten Intimität näherte. Tom küsste zart die äußeren Schamlippen, leckte zart an der Öffnung ihrer Lustgrotte und genoss den Geruch und Geschmack von Julias Liebessaft. Mit seiner Zunge begann er, ihre Klitoris vorsichtig zu umkreisen, und spürte, wie sie unter seinen Berührungen zitterte. Julia gab sich dem Gefühl hin, und ihr Atem wurde schwerer, als Tom seine Zunge geschickt einsetzte, um ihre Erregung weiter zu steigern. Mit der Zeit begann Tom, seine Zungenschläge intensiver zu gestalten und die Klitoris direkt mit seitlich wechselnden Bewegungen zu stimulieren. Julia stöhnte vor Vergnügen, und ihre Hände vergruben sich in Toms Haaren, als sie ihn näher an sich zog. Währenddessen führte Tom behutsam einen Finger in Julias Vagina ein und begann, sie sanft zu massieren, während er seine Zunge weiterhin auf ihrer Klitoris von oben nach unten tanzen ließ. Tom bemerkte, dass Julia immer erregter wurde, und wechselte zwischen langsamen, sanften Zungenbewegungen und schnelleren, intensiveren Stimulationen hin und her, um ihre

Lust auf ein neues Niveau zu heben. Zwischendurch küsste er auch ihre Schamlippen und ließ seine Zunge tief in ihre Vagina eintauchen, was Julia vor Freude keuchen ließ. Als Julia schließlich kurz vor dem Höhepunkt stand und es kaum mehr erwarten konnte, beschleunigte Tom seine Bewegungen und setzte seine Zunge und Finger in perfekter Harmonie ein, um ihre Erregung zu intensivieren. In diesem Moment der Ekstase überkam Julia ein überwältigender Orgasmus, der ihren ganzen Körper erbeben ließ. Ihre Beine zitterten, und sie presste Toms Gesicht fest an sich, während sie laut stöhnte und sich ihrem Vergnügen hingab. Tom verlangsamte sanft seine Bewegungen, während Julias Orgasmus abklang, und küsste zärtlich ihre empfindlichsten Stellen, bevor er sich wieder zu ihr hinaufküsste. Er spürte seine eigene Erregung, ihre Augen trafen sich, und sie lächelten sich liebevoll an. Julia nahm Toms Gesicht in ihre Hände und küsste ihn leidenschaftlich, dankbar für das unglaubliche Gefühl der Intimität und Zuneigung, das er ihr geschenkt hatte. Tom spürte in sich eine tiefe Befriedigung, auch wenn er selbst beim Liebesspiel nicht zum Orgasmus gekommen war. In den Armen des anderen liegend, beobachteten sie gemeinsam die Sterne, die am Himmel aufleuchteten, und spürten eine tiefe Verbundenheit, die durch ihre Liebe und das geteilte Erlebnis der Ekstase noch verstärkt wurde. Etwas später, als Julia sich wieder beruhigt hatte, revanchierte Sie sich bei Tom und sorgte dafür, dass auch er in dieser Nacht nicht ohne Erfüllung blieb. Umgeben von der Schönheit der Natur, hatten Julia und Tom eine weitere Facette ihrer Leidenschaft füreinander entdeckt und ihre Bindung dadurch noch stärker gemacht. Für Tom war es wieder einmal eine schöne Erfahrung, seine Partnerin so tief befriedigt zu sehen, was das Selbstvertrauen in seine sexuellen Fähigkeiten stärkte. Beiden war klar, dass die gegenseitige Befriedigung mit Lippen, Mund und Händen in bestimmten Momenten noch viel lustvoller sein konnte als die Alternative mit einfachem Geschlechtsverkehr

Liebe Gentlemen: Die Geschichte spricht Bände. Die Statistik beweist es. Da der Oralverkehr ähnliche Möglichkeiten wie die Masturbation bietet, aber die Empfindungen der Frau erheblich steigern kann, macht es Sinn, sich als Mann mit der Technik des Oralverkehrs zu beschäftigen. Hier einige Tipps, wie Sie als Mann und Gentleman Ihrer Partnerin beim Oralverkehr viel Freude bereiten können, wenn diese Technik für Sie und Ihre Partnerin in Frage kommt:

Wie Sie als Mann eine Frau oral befriedigen

Vor dem eigentlichen Oralverkehr sind folgende Aspekte bzw. Überlegungen zu berücksichtigen:

Kommunikation: Jede Frau hat unterschiedliche Vorlieben, daher ist es wichtig, offen über Wünsche und Empfindungen zu sprechen. Fragen Sie nach, was sich gut anfühlt und was Ihre Partnerin bevorzugt. Wenn Ihre Partnerin sich selbst befriedigt, kann Sie Ihnen vielleicht kurz beim Vorspiel oder bei einem intimen Gespräch zeigen, wie sie sich selbst am besten zum Höhepunkt bringt. Bauen Sie diese Erkenntnisse in Ihre Berührungen und ihr Liebesspiel mit ein. So haben Sie die

Möglichkeit, mit Berührungen und Liebkosungen zu beginnen, die bereits als erfolgversprechend identifiziert sind. Sie müssen das Rad erstmal nicht neu erfinden.

Vorspiel: Küssen Sie Ihre Partnerin. Küssen Sie sie ausgiebig und lassen Sie ihr Zeit, bis sie leicht erregt ist. Benutzen Sie Ihre Hände und streicheln Sie Ihre Partnerin nach und nach am ganzen Körper. Beginnen Sie sanft am Rücken und an den Armen. Küssen Sie sie auf den Mund, ihre Hände, ihre Schultern, ihren Nacken und tasten Sie sich beim Küssen und Streicheln langsam zu den erogenen Zonen vor. Bringen Sie Abwechslung ins Spiel und bleiben Sie nicht zu lange an einer Stelle. Wechseln Sie zwischen erogenen und weniger erogenen Zonen langsam hin und her. Streicheln Sie den Bauch und die Innenschenkel Ihrer Partnerin und küssen Sie zwischendurch die Brustwarzen und die Brüste. Variieren und koordinieren Sie Ihre Bewegungen beim Küssen. Spielen Sie mit Ihren Händen und reiben Sie gleichzeitig Ihren Körper am Körper Ihrer Partnerin. Berühren Sie die erogene Zone rund um die Vagina erst, wenn Ihre Partnerin Ihnen durch Stöhnen oder Körpersignale signalisiert, dass es Zeit dafür ist. Stimulieren Sie, wenn es so weit ist, und während Sie ihre Partnerin weiter auf den Mund küssen, den Bereich um die Vagina sanft mit den Händen, nähern Sie sich der Klitoris und berühren Sie sie mit zärtlichen leicht kreisenden Bewegungen ihrer angefeuchteten Finger. Danach können Sie mit dem eigentlichen Oralverkehr beginnen.

Zungenspiel: Verwenden Sie Ihre Zunge, um die Klitoris, den Kitzler und die umliegenden Bereiche sanft zu lecken und zu saugen. Variieren Sie die Geschwindigkeit, den Druck und die Bewegung, um herauszufinden, was am besten funktioniert. Bewegen sie Ihre Zunge mit langsamen oder schnellen Bewegungen zart über Klitoris und finden Sie den kleinen Kitzler, der besonders empfindlich ist. Führen Sie Ihre Zunge mit kreisenden Bewegungen um die Klitoris herum und wechseln Sie zwischen horizontalen und vertikalen Bewegungen hin und her. Probieren Sie aus, ob eine direkte oder indirekte Stimulation des Kitzlers Ihrer Partnerin Genuss verschafft. Verwenden Sie zu Beginn viel Speichel als natürliches Gleitmittel, um die Zunge besser gleiten zu lassen. Achten Sie auf die Signale Ihrer Partnerin und bleiben Sie bei den Stellen, bei denen Sie merken, dass die Stimulation Ihre Partnerin besonders erregt. Es kann die Erregung steigern, wenn Sie eine gleichbleibende Geschwindigkeit und einen gleichbleibenden Druck beibehalten, weil sich Ihre Partnerin besser darauf konzentrieren kann. Fragen Sie Ihre Partnerin, ob Sie ihnen mit ihrem Finger zeigen kann, wo die Stellen sind, die sie ganz besonders in Erregung bringen und welche Bewegungen Sie am besten oder schnellsten stimulieren.

Fingereinsatz und G-Punkt: Während des Oralverkehrs können Sie auch gleichzeitig Ihre Finger benutzen, um die Vagina und den G-Punkt zu stimulieren. Seien Sie vorsichtig und achten Sie darauf, dass Ihre Fingernägel kurz und glatt sind, um Unbehagen zu vermeiden. Der G-Punkt, auch als Gräfenberg-Zone bekannt, ist eine erogene Zone bei Frauen, die sich im vorderen Bereich der Vagina befindet. Er liegt etwa 5 bis 8 Zentimeter im Inneren der Vagina an der vorderen (bauchseitigen) Wand. Um den G-Punkt zu finden, können Sie den Finger in die Vagina einführen und mit der Fingerspitze in Richtung des Bauchnabels (also nach oben) wischen, als ob Sie jemanden zu sich heranwinken. Der G-Punkt fühlt sich in der Regel etwas anders an als der umgebende Vaginalgewebe. Er kann sich etwas gerippt oder schwammartig anfühlen. Wenn er stimuliert wird, kann er bei einigen Frauen ein intensives Lustempfinden und sogar einen Orgasmus auslösen. Nicht jede Frau empfindet den G-Punkt als erogene Zone, und das Lustempfinden und die Empfindlichkeit können von Frau zu Frau unterschiedlich sein. Fragen Sie Ihre Partnerin oder probieren Sie es gemeinsam aus, wenn Ihre Partnerin noch keine Erfahrung damit hat. Führen Sie beim Zungenspiel Zeige- und Mittelfinger vorsichtig und langsam in die Scheide ein und stimulieren Sie den vorderen Bereich, indem Sie die Finger in gekrümmten Bewegungen immer wieder leicht nach vorne in Richtung Bauch ziehen. Versuchen Sie zu spüren, was genau Ihre Partnerin erregt und merken Sie sich die Bewegungen. Variieren Sie die Stärke und ziehen Sie etwas stärker, wenn Sie merken, dass Ihre Partnerin zum Höhepunkt kommt.

Erkunden Sie erogene Zonen: Konzentrieren Sie sich nicht nur auf die Klitoris, sondern erforschen Sie auch andere erogene Zonen wie die Schamlippen, den Scheideneingang und den Damm. Achten Sie bei der Stimulation am Damm auf die Körperhygiene und vor allem darauf, ob sich Ihre Partnerin dadurch stimuliert fühlt. Vergessen Sie nicht, mit der freien

Hand die Brustwarzen zu stimulieren oder die Brüste zu kneten. Bitten Sie Ihre Partnerin, Ihre freie Hand mit einer ihrer Hände zu führen und lassen Sie sich zeigen, was und wie stark Ihre Partnerin diese Berührungen oder Bewegungen gerade braucht.

Spannung aufbauen: Variieren Sie das Tempo und den Druck, um die sexuelle Spannung langsam aufzubauen. Hören Sie auf die Reaktionen Ihrer Partnerin, um zu wissen, wann Sie sich dem Orgasmus oder angenehmen Gefühlen nähert, und passen Sie Ihre Technik entsprechend an. Idealerweise gibt Ihre Partnerin Ihnen durch Stöhnen und Geräusche zu verstehen, was Ihr gefällt und sie erregt. Bitten Sie Ihre Partnerin darum, das aktiv zu tun. Darüber hinaus kann Ihnen Ihre Partnerin auch mit Beckenbewegungen entgegenkommen und sich leicht in der Hüfte bewegen oder drehen, um Ihnen dadurch zu zeigen, wann Sie mit Ihren Bewegungen und mit deren Stärke richtig liegen. Hinweise auf Geschwindigkeit und möglichen erregenden Druck sind ebenfalls sehr hilfreich.

Hilfsmittel: Es gibt verschiedene Hilfsmittel, die den Oralverkehr noch angenehmer gestalten können. Zum Beispiel können Gleitmittel verwendet werden, um die Empfindungen zu verstärken, oder Vibratoren und andere Sexspielzeuge, um zusätzliche Stimulation zu bieten. Grundsätzlich sollten Sie aber erstmal Ihren Mund, Ihre Hände und Finger einsetzen, um über die Berührungen und Liebkosungen zu lernen und zu verstehen, wie Ihre Partnerin genau tickt.

Lustvolle Hygiene: Wenn Sie persönlich Probleme mit der Hygiene haben, können Sie Ihre Partnerin beim Vorspiel mit einem warmen Waschlappen stimulieren und den Bereich um die Vagina sanft und liebevoll waschen. Fragen Sie Ihre Partnerin, ob dies eine Option ist, mit der Sie sich beide wohler fühlen. Verwenden Sie dazu Gleitmittel oder Speiseöl anstatt Wasser, wenn das eine Option ist und der Geschmack Ihnen zusagt.

Liebe Gentlemen: Es ist nicht unbedingt so, dass Oralverkehr für alle Frauen angenehmer ist als Geschlechtsverkehr, denn die sexuellen Vorlieben und Empfindungen sind individuell verschieden. Es gibt jedoch einige Gründe, warum viele Frauen Oralverkehr als besonders lustvoll empfinden und leichter zum Orgasmus kommen. Zum einen ermöglicht der Oralverkehr eine direkte und gezielte Stimulation der Klitoris, die für viele Frauen der empfindlichste Bereich im Zusammenhang mit sexueller Lust ist. Zum anderen kann die Frau einem Partner beim Oralverkehr leichter mitteilen, welche Art der Stimulation ihr am besten gefällt und wie sie berührt werden möchte. Dies trägt dazu bei, dass sie sich in diesen intimen Momenten entspannter und sicherer fühlt, was das Erreichen eines Orgasmus erleichtert.

Beim Oralverkehr steht die Befriedigung der Frau im Vordergrund, so dass weniger Druck auf der eigenen Leistung lastet. Der Fokus liegt nicht auf dem Partner. Dies erleichtert es der Frau, sich auf ihre eigenen Empfindungen zu konzentrieren und einen Orgasmus zu erreichen. Darüber hinaus kann

Oralverkehr eine intime und verbindende Erfahrung sein, die einer Frau das Gefühl gibt, von ihrem Partner begehrt und geschätzt zu werden, was die sexuelle Erregung und Befriedigung steigert.

Nicht alle Frauen bevorzugen die orale Stimulation. Manche können diese Art der Befriedigung nicht zulassen. In diesem Fall müssen Sie andere Wege finden. Es gibt keine allgemeingültige Regel dafür, welche Art der sexuellen Aktivität für eine Person am angenehmsten ist. Der beste Ansatz für sexuelle Zufriedenheit besteht darin, offen und ehrlich über Wünsche und Bedürfnisse zu kommunizieren und miteinander verschiedene Aktivitäten auszuprobieren, um herauszufinden, was am besten funktioniert.

Wie die Frau den Mann oral befriedigen kann

Liebe Gentlemen: Wenn Sie Ihre Partnerin oral befriedigen, wie zuvor beschrieben oder mit anderen Variationen, die Sie sich vielleicht gemeinsam ausgedacht haben, kann es sein, dass Ihre Partnerin dies sehr genießt und Sie darauf anspricht, ob sie Sie ebenfalls oral befriedigen kann. Sie wird Sie vielleicht darum bitten, ihr zu erklären, was Ihnen persönlich dabei Spaß macht. In diesem Fall ist es sinnvoll, Ihrer Partnerin genau zu erklären, worauf sie achten muss und welche Techniken sie anwenden kann, um Ihnen als Mann ähnliches Vergnügen zu bereiten. Wenn Sie Schwierigkeiten haben, darüber zu sprechen, hilft Ihnen das nicht. Finden Sie gemeinsam mit

Ihrer Partnerin einen Weg, solche Themen offen anzusprechen.

Im Allgemeinen nehmen Männer und Frauen sexuelle Ratschläge und Anleitungen eher sachlich auf. Manche Frauen mögen es vielleicht etwas sinnlicher, blumiger und weniger sachlich. Aber es gibt keinen Grund, warum Sie als Mann nicht offen und ohne Scham über Oralsex sprechen sollten. Um Ihnen das Gespräch zu erleichtern, finden Sie weiter unten auch einen Leitfaden für Ihre Partnerin. Sie kennen Ihren Körper am besten. Bitte ergänzen Sie für das Gespräch mit Ihrer Partnerin die Punkte, die Ihnen wichtig sind und die Sie körperlich erregen, wenn Sie orale Befriedigung als Chance für eine erfüllende Beziehung sehen und sich mit Ihrer Partnerin darüber austauschen wollen.

Tipps und Anregungen für die orale Befriedigung eines Mannes – an die Frau oder Partnerin gerichtet:

Bereiten Sie sich vor: Achten Sie darauf, dass Sie sich in einer entspannten und angenehmen Umgebung befinden, in der sich beide Partner wohlfühlen. Schaffen Sie eine intime Atmosphäre mit sanfter Beleuchtung und beruhigender Musik.

Fangen Sie langsam an: Beginnen Sie damit, Ihren Partner zärtlich zu küssen und streicheln. Denken Sie daran, dass die Kunst der Verführung darin besteht, die Spannung und das Verlangen langsam aufzubauen.

Nehmen Sie sich Zeit für das Vorspiel: Erkunden Sie die erogenen Zonen Ihres Partners, um herauszufinden, welche Berührungen und Küsse am meisten Freude bereiten. Denken Sie daran, dass jeder Mensch unterschiedliche Vorlieben hat, und passen Sie Ihre Technik entsprechend an.

Stimulation der Penisspitze (Eichel): Konzentrieren Sie sich auf die empfindlichste Stelle des Penis, die Eichel, und führen Sie mit der Zunge sanfte, kreisende Bewegungen aus. Variieren Sie Druck und Geschwindigkeit, um herauszufinden, was Ihrem Partner am besten gefällt. Spielen Sie mit der Zunge um die Eichel herum. Der Übergang von der Eichel zum Schaft ist besonders empfindlich.

Gegen Sie zum Oralverkehr über: Wenn Sie spüren, dass Ihr Partner erregt ist, gehen Sie behutsam zum Oralverkehr über. Achten Sie darauf, den Penis langsam in den Mund zu nehmen und den gesamten Schaft zu erforschen. Variieren Sie das Tempo, um Ihren Partner nicht zu überreizen oder zu überwältigen. Bewegen Sie den Mund auf und ab. Umfassen Sie den Penis fest mit den Lippen und üben Sie etwas Druck aus, während Sie den Penis wiederholt aus dem Mund nehmen und wieder hineinstecken. Alternativ können Sie den Penis im Mund behalten und mit der Zunge die Eichel und die Harnöffnung stimulieren, während Sie die Lippen um den Penis auf und ab bewegen.

Drehung der Hände rund um den Penis: Während Sie den Penis mit dem Mund stimulieren, führen Sie mit den Händen sanfte Drehbewegungen entlang des Schafts aus. Wechseln Sie dabei zwischen verschiedenen Grifftechniken, um die Stimulation zu intensivieren. Alternativ können Sie den Übergang zwischen Eichel und Schaft wieder nur mit Daumen und Zeigefinger umfassen und mit Drehbewegungen stimulieren.

Bereich zwischen Penis und Hoden: Achten Sie darauf, auch den empfindlichen Bereich zwischen Penis und Hoden zu stimulieren. Verwenden Sie Ihre Finger oder Ihre Zunge, um die Haut sanft zu streicheln oder leicht zu massieren.

Hoden und Hodensack: Viele Männer mögen es, wenn Sie beim Oralverkehr mit einer Hand den Hodensack fest umschließen und leicht drücken oder halten. Versuchen Sie, den Hodensack mit rhythmischen Bewegungen nach oben in Richtung Penis zu schieben und dabei die Hoden von unten nach oben leicht zwischen Zeigefinger und Daumen einzuklemmen, während die Hand die Hoden umschließt. ohne Schmerzen zu verursachen. Fragen Sie den Partner, wie es am besten geht. Alternativ den Hodensack mit spitzen Fingernägeln und kratzenden Bewegungen von unten nach oben vom Damm zum Penis stimulieren.

Nutzen Sie Ihre Hände: Während Sie Ihren Partner oral verwöhnen, sollten Sie gleichzeitig Ihre Hände benutzen, um zärtlich seine Hoden oder andere erogene Zonen zu berühren. Denken Sie daran, dass die Kombination von oraler und manueller Stimulation für viele Männer besonders erregend ist. Kommunizieren Sie miteinander: Ermutigen Sie Ihren Partner,

Ihnen Feedback zu geben, damit Sie wissen, was ihm am besten gefällt und wie Sie Ihre Technik weiter verbessern können. Seien Sie offen für seine Wünsche und besprechen Sie gemeinsam, wie er den Höhepunkt erleben möchten.

Stimulieren Sie die Öffnung der Penisspitze: Die kleine Öffnung an der Penisspitze, auch Harnröhrenöffnung oder Meatus genannt, ist eine oft vernachlässigte erogene Zone. Durch die Stimulation dieser Stelle können Sie Ihrem Partner zusätzliches Vergnügen bereiten. Streichen Sie mit dem Finger, der feuchten Zunge oder einem Gleitmittel sanft und vorsichtig über die Öffnung. Achten Sie auf die Reaktion Ihres Partners, um herauszufinden, welche Art der Berührung für ihn am angenehmsten ist. Experimentieren Sie mit verschiedenen Geschwindigkeiten und Druckstärken und achten Sie darauf, nicht zu fest oder zu grob zu sein, da dies unangenehm sein kann. Kommunizieren Sie während der Stimulation, um sicherzustellen, dass sich Ihr Partner wohl fühlt und die Erfahrung genießt.

Brustwarzen: Die Brustwarzen sind neben dem Bereich rund um Penis und Hoden eine weitere erregbare erogene Zone bei Männern. Stimulieren Sie die Brustwarzen während des Oralverkehrs mit dem Mund und der anderen noch verbleibenden Hand. Kneten oder kneifen Sie die Spitzen leicht zusammen. Besprechen Sie mit Ihrem Partner, wie fest Sie streicheln, kneten oder kneifen können und was ihn mehr erregt. Die gleichzeitige Stimulation verschiedener erogener Zonen bringt viele Männer schneller zum Höhepunkt.

Achten Sie auf den bevorstehenden Orgasmus: Wenn Ihr Partner kurz vor dem Höhepunkt steht, entscheiden Sie, ob Sie das Tempo beibehalten oder verlangsamen möchten, abhängig von seinen Vorlieben und Ihren eigenen Möglichkeiten.

Konzentration: Konzentrieren Sie sich auf Penis, Hoden, Hodensack und Brustwarzen. Küssen Sie sich zwischendurch mit der Zunge. Die meisten Männer mögen es, wenn Sie bei den ersten Anzeichen von Erregung schnell und direkt zu den erogenen Zonen übergehen und zur Sache kommen, ohne lange den Rest des Körpers zu streicheln. Als besonders anregend und erregend empfinden es viele Männer, wenn Sie, bevor es zur Sache geht, beide Brustwarzen langsam mit der Zunge und den Händen stimulieren und dann parallel mit einer Hand zum Penis wechseln. Wenn der Penis hart und steif ist, sollten Sie ihn etwas genauer unter die Lupe nehmen.

Komfort. Sprechen Sie darüber, wie der Orgasmus erreicht werden soll – ob durch anhaltende orale Stimulation, Handarbeit oder eine Kombination aus beidem mit Stimulation von Brustwarzen und/oder Hodensack.

Lassen Sie den Orgasmus sanft ausklingen: Nachdem Ihr Partner seinen Höhepunkt erreicht hat, verringern Sie die Stimulation langsam und achten Sie darauf, wie sein Körper auf die Berührungen reagiert. Geben Sie ihm Zeit, sich von der Intensität des Erlebnisses zu erholen, und halten Sie den Penis nach dem Orgasmus weiter in Mund und Händen. Männer genießen oft noch das Gefühl danach, bis die Erregung abgeklungen ist. Sexuell aktive oder sehr erregte Männer können eventuell durch ein Nachspiel schnell wieder erregt werden, ohne eine Pause zu benötigen.

Zeigen Sie Ihre Zuneigung: Vergessen Sie nach dem Liebesspiel nicht, einander Ihre Liebe und Zuneigung zu zeigen. Kuscheln, Küssen und Schmusen sind wichtige Bestandteile einer gesunden Beziehung und tragen dazu bei, die Bindung zwischen Ihnen beiden zu festigen.

Wenn Ihre Partnerin diese Tipps und Ratschläge befolgt, kann sie Ihnen als Mann mit technisch an Ihre Bedürfnisse angepasstem Oralverkehr ein Höchstmaß an Lust bereiten, die sogar über das Erlebnis des normalen Geschlechtsverkehrs hinausgehen kann. Sie als Mann haben den Vorteil, dass Sie sich wenig bewegen müssen und sich ganz auf Ihre Gefühle konzentrieren können, was auch Ihre Partnerin begeistern wird, wenn Sie Spaß am Oralsex hat. Wichtig ist, dass Sie offen und ehrlich miteinander kommunizieren, um herauszufinden, welche Techniken und Praktiken Ihren individuellen Vorlieben und Bedürfnissen am besten entsprechen. Was Sie konkret erwarten, müssen Sie Ihrer Partnerin zeigen und erklären, weil es sonst zu Missverständnissen kommen kann. Woher soll Ihre Partnerin wissen, was Ihnen persönlich am besten gefällt, wenn Sie es nicht konkret ausdrücken?

Liebe Gentlemen: Denken Sie daran, Ihre Partnerin möglichst zuerst zu befriedigen, es sei denn, Ihre Partnerin möchte sich aus Lust zuerst um Sie kümmern. Auch wenn Sie selbst schon befriedigt sind, vernachlässigen Sie Ihre Partnerin danach nicht und bieten Sie ihr an, das Vergnügen zu erwidern.

Analsex mit Hygiene kann Spaß machen

Eine sexuelle Variante, von der viele Männer träumen, für die sich aber sehr viel weniger Frauen begeistern können, ist der Analsex. Dieser bezieht sich auf sexuelle Aktivitäten, bei denen der Anus oder der Enddarm (Rektum) stimuliert werden, in der Regel durch Einführen des Penis, der Finger oder eines Sexspielzeugs. Analsex kann sowohl für Männer als auch für Frauen angenehm und erregend sein, da Anus und Rektum viele Nervenenden enthalten, die empfindlich auf Berührungen reagieren. Vorteile von Analsex können sein:

Intensives Vergnügen: Manche Menschen empfinden Analsex als intensiver oder anders als vaginalen Geschlechtsverkehr. Es kann ein besonderer Reiz darin liegen, auf diese Art intim miteinander zu sein.

Abwechslung: Analverkehr kann eine interessante Abwechslung im sexuellen Repertoire eines Paares darstellen und zur Steigerung der sexuellen Intimität beitragen.

Indirekte Stimulation des G-Punktes: Bei Frauen wird die Stimulation beim Analsex hauptsächlich durch die vielen Nervenenden im Anus und Rektum erreicht. Darüber hinaus kann der G-Punkt indirekt stimuliert werden, da die Scheidenwand und der Anus relativ nahe beieinander liegen.

Stimulation der Prostata: Bei Männern kann Analsex die Prostata stimulieren, was zu intensiveren Orgasmen führen kann. Dabei wird die Stimulation beim Analverkehr hauptsächlich durch die direkte oder indirekte Stimulation der Prostata erreicht. Die Prostata ist eine durch anale Penetration erreichbare erogene Zone, die bei Berührung intensive Lustgefühle hervorrufen kann.

Gleichzeitiger vaginaler und analer Geschlechtsverkehr, auch als doppelte Penetration bekannt, kann bei manchen Frauen zu intensiveren Empfindungen führen, da sowohl die Vagina als auch der Anus stimuliert werden. Dies kann zu stärkeren Orgasmen führen, ist aber nicht für jede Frau angenehm oder wünschenswert. In einer Paarbeziehung können geeignete Hilfsmittel wie Dildos oder ähnliche Gegenstände für die anale Stimulation verwendet werden, die die Organe nicht verletzen und von den Partnern bei der Penetration akzeptiert werden.

Für die Hygiene beim Analverkehr sind folgende Punkte zu beachten:

Sauberkeit: Vor dem Analsex sollten der Anus und das Rektum mit Wasser und milder Seife gereinigt werden.

Gleitmittel: Da der Anus keine natürliche Gleitfähigkeit hat, ist die Verwendung eines geeigneten Gleitmittels wichtig, um Unbehagen und Verletzungen zu vermeiden.

Kondome: Kondome sollten verwendet werden, um das Risiko von Infektionen und sexuell übertragbaren Krankheiten zu reduzieren.

Kreuzkontamination vermeiden: Nach dem Analsex sollten alle beteiligten Körperteile oder Spielzeuge gründlich gereinigt werden, bevor sie mit anderen Körperteilen in Berührung kommen, um Infektionen zu vermeiden.

Kommunikation: Sprechen Sie offen und ehrlich mit Ihrem Partner über Ihre Wünsche in Bezug auf die Hygiene und die Technik, und achten Sie aufeinander, um sicherzustellen, dass beide Partner die Erfahrung genießen.

Analsex bei der Frau

Um eine Frau mit Analsex besser zu befriedigen, können Männer folgende Anweisungen und Techniken anwenden:

Kommunikation: Sprechen Sie offen über Wünsche und Grenzen, um herauszufinden, welche Art der Stimulation am angenehmsten ist.

Entspannung: Sorgen Sie dafür, dass die Frau entspannt ist, bevor Sie beginnen. Eine entspannte Atmosphäre und ausgiebiges Vorspiel sind wichtig, um Unbehagen zu vermeiden.

Gleitmittel: Verwenden Sie reichlich Gleitmittel, um das Eindringen angenehmer zu gestalten.

Langsames Eindringen: Beginnen Sie mit einem Finger oder einem kleinen Spielzeug, um den Anus vorsichtig zu dehnen, bevor Sie mit der Penetration fortfahren.

Rhythmus: Achten Sie auf den Rhythmus und die Tiefe der Penetration, um herauszufinden, was für die Frau am angenehmsten ist. Langsames und vorsichtiges Eindringen kann zu Beginn hilfreich sein.

Stimulation der Klitoris: Die gleichzeitige Stimulation der Klitoris kann das Vergnügen beim Analsex für Frauen erhöhen.

Analsex beim Mann

Um einen Mann mit Analsex besser zu befriedigen, können Frauen ähnliche Methoden anwenden:

Kommunikation: Sprechen Sie offen über Wünsche und Grenzen, um herauszufinden, welche Art der Stimulation am angenehmsten ist.

Prostatastimulation: Die Prostata kann sowohl durch Einführen eines Fingers oder Spielzeugs in den Anus als auch durch äußeren Druck auf den Damm (Bereich zwischen Hodensack und Anus) stimuliert werden.

Gleitmittel: Verwenden Sie reichlich Gleitmittel, um das Eindringen angenehmer zu gestalten.

Langsames Eindringen: Beginnen Sie mit einem Finger oder einem kleinen Spielzeug den Anus vorsichtig zu dehnen.

Rhythmus: Achten Sie auf den Rhythmus und die Tiefe der Penetration, um herauszufinden, was für den Mann am angenehmsten ist. Langsames und vorsichtiges Eindringen kann zu Beginn hilfreich sein.

Penisspiel: Gleichzeitige Stimulation des Penis, entweder durch Hand- oder Mundarbeit, kann das Vergnügen beim Analsex für Männer erhöhen.

Wenn beide Partner offen kommunizieren und aufeinander achten, können sie das sexuelle Vergnügen mit Analsex für sich maximieren und neue Spielarten entwickeln. Einige Paare genießen auch gleichzeitigen Vaginal- und Analsex, bei dem eine Frau sowohl vaginal als auch anal penetriert wird. Viele Paare setzen beim Geschlechtsverkehr oder beim Oralsex die Finger oder Spielzeuge ein, um Anus und Rektum zusätzlich mit einer nur leichten Penetration zu stimulieren. Dabei kommt es nicht zu einer direkten Penetration durch den Penis des Mannes. Eine gute Hygiene kann sehr leicht über eine kurze, aber gründliche Vor- und Nachbereitung erreicht werden.

Praktiken dieser Art können in Verbindung mit anderen Stimulationsmethoden zu intensiven Empfindungen und Vergnügen für beide Partner führen. Jedoch ist es wichtig, sicherzustellen, dass alle Beteiligten damit einverstanden sind und sich wohlfühlen.

Analsex mit Penetration durch den Penis ist eine sexuelle Variante, die in den meisten herkömmlichen Pornos zu sehen ist. Daraus zu schließen, dass es auch im heimischen Bett bei Frauen immer gut ankommt, ist ein Trugschluss. Auch wenn das Thema in den Medien und auch in Frauenzeitschriften enttabuisiert ist, sollte man sich mit seiner Partnerin darüber sehr gut absprechen. Ohne Gewöhnung kann das Eindringen in After oder Enddarm sehr schmerzhaft sein, und die Hygiene ist ein Thema, das nicht vernachlässigt werden darf. Sehr leicht kann es zu unangenehmen Infektionen kommen.

Es bedarf einer ausführlichen und gründlichen Vorbereitung, um sich als Paar mit perfekter Hygiene gegenseitig anal zu befriedigen. Analsex ist eher etwas für erfahrene Paare, die ihr Liebesleben mit zusätzlichen Techniken und Spielarten bereichern wollen. Es erfordert ein hohes Maß an Vertrauen, Kommunikation und Wissen, damit beide Partner eine angenehme und sichere Erfahrung machen können. Ein schneller Einstieg ist da eher der falsche Weg.

Für eine erfüllte sexuelle Beziehung reicht es völlig aus, wenn Sie die bisherigen Hinweise und Empfehlungen dieses Buches bei Ihren intimen Momenten berücksichtigen und auf Analsex verzichten, wenn Ihre Partnerin das wünscht. Analsex kann aber für ein aufgeschlossenes und verantwortungsbewusstes Paar eine sehr interessante Erfahrung sein. Männer und Frauen, die sich damit auskennen, haben viel Spaß dabei.

Erotische (entspannende) Massagen

Eine erotische oder entspannende Massage kann dazu beitragen, Scham bei Frauen und Männern abzubauen, indem sie dabei hilft, Vertrauen und Intimität zwischen den Partnern aufzubauen und ein besseres Verständnis des eigenen Körpers und der Empfindungen zu fördern. Bei der Massage können Sie den Körper Ihrer Partnerin erkunden und Ihr dabei das Gefühl geben, dass Sie sie annehmen, wie sie ist. Verbinden Sie die Massage auch mit Komplimenten, um das Selbstwertgefühl Ihrer Partnerin zu stärken. Hier sind einige Tipps, wie Sie als Mann und Gentleman eine einfache erotische Massage durchführen können, ohne als Laie ohne Fachkenntnisse Schaden damit anzurichten:

Schaffen Sie eine angenehme Atmosphäre: Sorgen Sie für ein warmes, ruhiges und gemütliches Umfeld. Dimmen Sie das Licht, zünden Sie Kerzen an und spielen Sie entspannende Musik. Sprechen Sie mit Ihrer Partnerin über ihre Wünsche,

Grenzen und Bedenken. Stellen Sie sicher, dass sie sich während der gesamten Massage wohl und sicher fühlt.

Verwenden Sie Massageöl oder Gleitmittel: Wählen Sie ein qualitativ hochwertiges Massageöl oder Gleitmittel, das für den Körper verträglich ist. Achten Sie darauf, dass Ihre Partnerin keine Allergien oder Unverträglichkeiten gegenüber den Inhaltsstoffen hat. Wärmen Sie das Gleitmittel oder Massageöl vor dem Köperkontakt mit Ihren Händen an.

Beginnen Sie mit einer Ganzkörpermassage: Beginnen Sie die Massage mit sanften Berührungen und Streichungen, um die Entspannung zu fördern und das Vertrauen zu stärken. Konzentrieren Sie sich zunächst auf Rücken, Schultern, Arme, Beine und Nacken, bevor Sie zu empfindlicheren Stellen übergehen. Wenn Ihre Partnerin entspannt und bereit ist, und eine erotische Massage wünscht, können Sie vorsichtig erogene Zonen wie Brüste, Innenseite der Oberschenkel und Schamlippen massieren. Achten Sie dabei auf die Reaktionen Ihrer Partnerin und passen Sie Ihre Berührungen entsprechend an. Respektieren Sie die Grenzen Ihrer Partnerin. Beenden Sie die Massage oder passen Sie Ihre Technik sofort an, wenn Ihre Partnerin Schmerzen oder Unwohlsein äußert.

Liebe Gentlemen: Eine Massage wird in den seltensten Fällen in ein erotisches Spiel münden, da sie in erster Linie Entspannung bei Ihrer Partnerin auslösen und somit eher zur Beruhigung führen wird. Insofern sollten Sie Ihre Erwartungen etwas zurückschrauben. In seltenen Fällen oder wenn die Massage genau darauf abzielt, ist es natürlich nicht ausgeschlossen, dass Sie Ihre Partnerin sexuell damit erregen können. Genießen Sie aber in erster Linie die Entspannung Ihrer Partnerin und freuen Sie sich, dass Sie ihr dabei helfen können. Um das Massageerlebnis für Ihre Partnerin angenehm zu gestalten, können Sie folgende Techniken anwenden.

Techniken der (erotischen) Massage

Angepasster und sanfter Druck: Beginnen Sie die Massage mit sanftem Druck, um die Muskeln Ihrer Partnerin zu entspannen. Sie können Ihre Handflächen, Finger und Daumen verwenden, um sanften Druck auf verschiedene Körperteile auszuüben.

Langsame und rhythmische Bewegungen: Achten Sie darauf, Ihre Berührungen langsam und rhythmisch auszuführen. Schnelle oder ruckartige Bewegungen können zu Unbehagen führen.

Effleurage: Bei dieser Massagetechnik werden lange, gleitende Streichbewegungen verwendet, um die Haut und die darunterliegenden Muskeln zu erwärmen und zu entspannen. Verwenden Sie die gesamte Fläche Ihrer Hände und bewegen Sie sie in kreisförmigen oder wellenförmigen Bewegungen entlang der Muskeln in Richtung der Muskelfasern.

Petrissage: Diese Technik umfasst das Kneten und Rollen der Muskeln zwischen den Fingern und der Handfläche. Üben Sie einen sanften, aber festen Druck aus, um die Muskeln zu entspannen, ohne Schmerzen zu verursachen.

Daumen- oder Fingerspitzenmassage: Verwenden Sie Ihre Daumen oder Fingerspitzen, um kleine kreisförmige Bewegungen auf bestimmten Druckpunkten oder Muskelknoten auszuführen. Achten Sie darauf, nicht zu fest zu drücken, um Schmerzen zu vermeiden.

Die Arme einsetzen: Für eine tiefere Massage können Sie Ihren Unterarm oder Ellbogen verwenden, um Druck auf größere Muskelgruppen auszuüben, wie zum Beispiel im unteren Rückenbereich. Achten Sie darauf, Ihre Partnerin nicht zu verletzen, und stellen Sie sicher, dass der Druck angenehm ist.

Feedback: Beobachten Sie die Reaktionen Ihrer Partnerin auf Ihre Berührungen und passen Sie Ihre Technik entsprechend an. Fragen Sie nach Feedback, um herauszufinden, welche Techniken sich für sie am besten anfühlen.

Verwenden Sie beide Hände: Um eine gleichmäßige und harmonische Massage zu gewährleisten, verwenden Sie beide Hände, um den Körper Ihrer Partnerin zu massieren. Dies schafft ein Gefühl der Ganzheit und Balance.

Wechseln Sie die Techniken ab: Variieren Sie die Massage, indem Sie unterschiedliche Techniken und Druckstärken anwenden. Dies trägt dazu bei, dass die Massage interessant und angenehm bleibt.

Seien Sie sich bewusst, dass Sie eine Laienmassage durchführen. Unvorsichtiges oder unsachgemäßes Massieren kann zu Verletzungen, Verschlimmerung bestehender Beschwerden oder Komplikationen führen, wenn körperliche Beschwerden bei Ihrer Partnerin vorliegen. Bevor Sie eine Massage durchführen, sollten Sie sich über eventuelle medizinische Zustände oder gesundheitliche Probleme der massierten Person informieren. Bei bestimmten Erkrankungen oder Verletzungen kann eine Massage kontraindiziert sein oder besondere Vorsicht erfordern. Eine offene Kommunikation zwischen Ihnen und Ihrer Partnerin ist entscheidend, um sicherzustellen, dass die Massage angenehm und sicher ist. Achten Sie auf Feedback bezüglich des Drucks, der Geschwindigkeit und der Technik und passen Sie Ihre Technik entsprechend an.
Es ist wichtig, vorsichtig mit der Kraft und dem Druck umzugehen, die Sie auf den Körper einer massierten Person ausüben, um Verletzungen, Schmerzen oder Beschwerden zu vermeiden. Zudem sollten Sie ein grundlegendes Verständnis der menschlichen Anatomie haben, insbesondere der Muskel- und Knochenstrukturen. Sie sollten darauf verzichten, direkt auf Knochen, Gelenke oder empfindliche Bereiche wie die Wirbelsäule Druck auszuüben. Bei der Massage des Halses oder Kopfes sollten Sie darauf achten, die Atemwege nicht zu blockieren oder einzuengen. Sauberkeit und Hygiene sind ebenfalls wichtig, um das Infektionsrisiko zu minimieren.

Achten Sie darauf, saubere Hände und gegebenenfalls saubere Handtücher oder Laken zu verwenden.

Wenn Sie sich unsicher sind, wie man eine Massage sicher und effektiv durchführen kann, ist es ratsam, sich von einem professionellen Masseur oder einer professionellen Masseurin behandeln zu lassen oder sich zumindest eine grundlegende Schulung in Massagetechniken anzueignen.

Erfüllte Orgasmen mit Langsamkeit und Achtsamkeit

Liebe Gentlemen: Langsamkeit und Achtsamkeit sind in sinnlichen Momenten eng verbunden mit Romantik und Technik. Fassen wir zusammen, welche Empfehlungen zusammen mit den richtigen Techniken zu einem erfüllenden sexuellen und emotionalen Erlebnis für Sie und Ihre Partnerin führen können:

Offene und ehrliche Kommunikation ist der Schlüssel zu achtsamem Sex. Sprechen Sie mit Ihrer Partnerin über Ihre Wünsche, Grenzen und Vorlieben. Hören Sie aufmerksam zu und respektieren Sie die Bedürfnisse Ihrer Partnerin.

Vorspiel: Nehmen Sie sich Zeit für ein ausgiebiges Vorspiel. Durch Küssen, Streicheln, Massieren und andere Berührungen können Sie die Intimität vertiefen und sich besser auf den Geschlechtsverkehr vorbereiten.

Atmung: Konzentrieren Sie sich auf Ihre Atmung und die Ihrer Partnerin. Atemübungen können helfen, den Geist zu entspannen und die Verbindung zwischen Ihnen und Ihrer Partnerin zu stärken.

Bewusstsein: Seien Sie sich Ihrer eigenen Empfindungen und der Ihrer Partnerin bewusst. Achten Sie auf nonverbale Signale und passen Sie Ihre Bewegungen entsprechend an.

Langsamkeit: Führen Sie alle sexuellen Handlungen langsam und sanft durch. Langsamer Sex ermöglicht es Ihnen, jede Empfindung vollständig wahrzunehmen und sich auf den Moment zu konzentrieren. Schneller und stärker können Sie, wenn gewünscht, immer noch werden.

Variation: Wechseln Sie die Geschwindigkeit, Tiefe und Position während des Geschlechtsverkehrs, um unterschiedliche Empfindungen zu erleben und sich auf die Bedürfnisse Ihrer Partnerin einzustellen.

Emotionaler Fokus: Achten Sie auf die emotionalen Aspekte der Intimität. Achtsamer Sex geht über die körperliche Stimulation hinaus und bezieht auch die emotionale Verbindung und das Verständnis zwischen Ihnen und Ihrer Partnerin mit ein.

Nachsorge: Nach dem Geschlechtsverkehr ist es wichtig, sich Zeit für Nachsorge und Zärtlichkeit zu nehmen. Kuscheln, Küssen und liebevolles Streicheln können dazu beitragen, die

Bindung zu vertiefen und das gemeinsame Erlebnis abzurunden.

Mit Langsamkeit und Achtsamkeit in intimen erotischen Situationen und beim sexuellen Akt erreichen Sie:

- Tieferes Verständnis und Verbindung zwischen Ihnen als Paar
- Erhöhtes Bewusstsein für Ihre eigenen Empfindungen und die Ihrer Partnerin
- Verbesserte Kommunikation und Offenheit
- Steigerung der sexuellen Zufriedenheit und Erfüllung für Sie als Paar
- Reduzierung von Stress und Anspannung
- Förderung von Entspannung und Wohlbefinden

Kapitel 10

Vorlieben entdecken

Körperflüssigkeiten & Hygiene

Bei sexuellen Handlungen, einschließlich Geschlechtsverkehr, Orgasmus und Oralverkehr, kann ein Paar mit verschiedenen Körperflüssigkeiten in Kontakt kommen. Dazu gehören

Vaginalflüssigkeit: Bei Erregung produzieren die Bartholin- und Zervixdrüsen in der Scheide der Frau ein natürliches Gleitmittel. Diese Flüssigkeit besteht hauptsächlich aus Wasser, Elektrolyten, Proteinen und Glykogen. Sie dient der Befeuchtung der Scheide und erleichtert den Geschlechtsverkehr. Bei Frauen kann die Menge dieser Flüssigkeit während der Erregung variieren.

Sperma: Sperma ist die Samenflüssigkeit, die bei der Ejakulation des Mannes freigesetzt wird. Er besteht aus Spermien (männlichen Geschlechtszellen) und einer Flüssigkeit, dem

Samenplasma, das Proteine, Enzyme, Vitamine, Zucker und andere Stoffe enthält, die den Spermien auf ihrer Reise helfen.

Präejakulat (Lusttropfen): Klare, zähflüssige Flüssigkeit, die vor der Ejakulation aus der Harnröhre des Mannes austritt. Es dient als natürliches Gleitmittel und enthält normalerweise nur wenige Spermien, die Konzentration kann aber in manchen Fällen ausreichen, um eine Schwangerschaft herbeizuführen.

Schweiß: Während des Geschlechtsverkehrs kann es aufgrund der körperlichen Anstrengung zu Schweißausbrüchen kommen. Schweiß besteht hauptsächlich aus Wasser, Elektrolyten und geringen Mengen Harnsäure und Harnstoff.

Speichel: Speichel ist eine klare, wässrige Flüssigkeit, die von den Speicheldrüsen produziert wird und Enzyme, Proteine und Elektrolyte enthält. Beim Küssen wird Speichel ausgetauscht, der auch andere Substanzen wie Bakterien oder Viren enthalten kann, je nachdem, ob einer der Partner eine Infektion hat oder nicht. Im Allgemeinen ist Speichel als solcher beim Küssen nicht ungesund oder gefährlich, solange keiner der Partner eine ansteckende Infektion hat. Speichel kann sogar gesund sein, da er Enzyme enthält, die bei der Verdauung helfen, und antimikrobielle Eigenschaften besitzt, die zur Bekämpfung von Bakterien in der Mundhöhle beitragen können.

Sind Körperflüssigkeiten bedenklich?

Gibt es gesundheitliche oder medizinische Bedenken beim Kontakt mit Körperflüssigkeiten?

Die größte Sorge beim Kontakt mit Körperflüssigkeiten besteht in der Übertragung sexuell übertragbarer Infektionen (STD) wie HIV, Hepatitis B, Hepatitis C, Chlamydien, Gonorrhoe und Syphilis. Der Austausch von Flüssigkeiten kann das Infektionsrisiko erhöhen. In seltenen Fällen können Menschen allergisch auf bestimmte Bestandteile von Körperflüssigkeiten reagieren, z. B. auf Proteine im Sperma. Dies kann zu Reaktionen wie Juckreiz, Hautausschlag oder Atembeschwerden führen.

Über den Speichel können bestimmte Infektionen wie Grippe, Erkältung oder Pfeiffersches Drüsenfieber durch Tröpfcheninfektion übertragen werden, wenn eine infizierte Person hustet, niest oder spricht. Auch sexuell übertragbare Infektionen wie Herpes und Syphilis können durch den Austausch von Speichel übertragen werden. Deshalb ist es wichtig, dass Sie und Ihr Partner gesund sind und sich keiner Infektion bewusst sind, bevor Sie sich küssen oder andere sexuelle Handlungen miteinander beginnen.

Wenn keine ansteckenden Krankheiten oder Infektionen vorliegen, dienen die genannten Körperflüssigkeiten mit ihren Eigenschaften eher der Unterstützung gemeinsamer sexueller Aktivitäten, teilweise sogar mit positiven Auswirkungen auf die Gesundheit. Es gibt keinen medizinischen Grund, warum gesunde Menschen in intimen Momenten nicht mit Körper-flüssigkeiten in Kontakt kommen sollten. Die Vorteile sind nicht zu leugnen.

Scheidenflüssigkeit und Präejakulat dienen als natürliche Gleitmittel, die den Geschlechtsverkehr angenehmer und komfortabler machen.

Samenflüssigkeit enthält Spermien, die für die Befruchtung der Eizelle und die Fortpflanzung notwendig sind. Darüber hinaus enthält sie:

- Proteine: Sperma enthält verschiedene Proteine, die für die Struktur, Funktion und Stabilität der Spermien notwendig sind. Diese Proteine sind auch am Prozess der Befruchtung beteiligt.
- Enzyme: Sperma enthält Enzyme, die Spermien dabei helfen, die Schutzbarriere des weiblichen Eies (die Zona pellucida) zu durchdringen. Eines dieser Enzyme ist die Hyaluronidase.
- Vitamine und Mineralien: Sperma enthält eine Reihe von Vitaminen und Mineralien, darunter Vitamin C, Kalzium, Chlorid, Citrat, Fructose, Magnesium, Phosphor, Kalium, Natrium und Zink. Diese Substanzen sind für die Gesundheit und Funktion der Spermien wichtig.
- Prostaglandine: Diese hormonähnlichen Substanzen sind in geringen Mengen im Sperma enthalten und spielen eine Rolle bei der Regulierung von Blutfluss,

Schmerzempfinden, Entzündungen und anderen physiologischen Prozessen.

- Antioxidantien: Sperma enthält auch einige Antioxidantien, wie Superoxid Dismutase und Glutathion, die dazu beitragen, Spermien vor Schäden durch freie Radikale zu schützen.

Speichel ist beim Küssen in der Regel unbedenklich, solange beide Partner frei von ansteckenden Krankheiten sind. Der Austausch von Speichel beim Küssen ist im Allgemeinen gesund. Speichel kann als natürliches Gleitmittel Verwendung finden.

Gesundheitsrisiken vermeiden

Um Gesundheitsrisiken durch den Kontakt mit Körperflüssigkeiten zu minimieren, sollten Sie sich an sichere Sexualpraktiken wie die Verwendung von Kondomen oder andere Barriere-Methoden halten, wenn Sie wechselnde Partnerinnen haben und sich regelmäßig auf sexuell übertragbare Krankheiten testen lassen. Sprechen Sie offen mit Ihrer Partnerin über Ihre sexuelle Gesundheit und stellen Sie sicher, dass Sie beide über ihren STD-Status informiert sind.

Wenn einer der Partner in einer Beziehung untreu ist, kann dies ein erhebliches Risiko darstellen. Es ist wichtig, dass Sie als Mann und Gentleman mit Ihrer Partnerin über Ihre Komfortzonen und persönlichen Grenzen sprechen, wenn es um den Kontakt mit Körperflüssigkeiten geht. Manche Menschen fühlen sich wohler, wenn sie bestimmte sexuelle Aktivitäten wie Oralverkehr vermeiden oder Barriere-Methoden wie Dental Dams verwenden. Respektieren Sie die Bedenken und Wünsche Ihrer Partnerin und treffen Sie gemeinsam Entscheidungen, die sowohl Ihre Sicherheit als auch Ihr Wohlbefinden gewährleisten. Wenn Sie und Ihre Partnerin gesund sind, gibt es keinen physischen Grund, den Kontakt mit den genannten Körperflüssigkeiten zu vermeiden. Auch nicht mit dem Ejakulat der Frau.

Was viele nicht wissen oder noch nicht erlebt haben: Frauen können genauso ejakulieren wie Männer. Allerdings ist dieses Thema noch nicht sehr gut erforscht. Wer als Mann eine Partnerin hat, die ejakulieren kann, sollte sich im Rahmen von Körperflüssigkeiten auch mit diesem Thema auseinandersetzen. Für Frauen, die dazu in der Lage sind, kann die Möglichkeit, frei und ohne Angst ejakulieren zu können, die Lust an intimen Spielen erheblich steigern. Erfahren Sie mehr darüber.

Ejakulation der Frau: eine erotische Geschichte

Es war ein warmer Sommerabend und ein Paar hatte beschlossen, sich eine Auszeit vom stressigen Alltag zu nehmen und eine Nacht unter freiem Himmel zu verbringen. Sie hatten ein Zelt aufgeschlagen und saßen draußen auf einer Decke und betrachteten den klaren Nachthimmel. Als es dunkel wurde und die Sterne zu funkeln begannen, fingen sie an, sich zu küssen und zu streicheln. Der Mann legte sich auf den Rücken und zog seine Frau auf sich. Er küsste sie zärtlich auf die Lippen und wanderte langsam zu ihrem Hals und ihren Brüsten. Er liebkoste sie sanft mit seinen Lippen und seiner Zunge, bevor er sich langsam in Richtung ihres Schambeins bewegte. Mit den Händen zog er ihr den Slip aus und begann, mit der Zunge ihren Kitzler zu umkreisen. Er spürte, wie ihr Atem schneller und tiefer wurde und ihr Körper vor Erregung zitterte. Er nahm sich die Zeit, jede Bewegung zu genießen, während er ihre Klitoris und ihre Schamlippen leckte und massierte. Er saugte sanft an ihrem Kitzler und ließ seine Zunge langsam in sie gleiten. Er spürte, wie sie dem Orgasmus immer näherkam und erhöhte den Druck auf ihren Kitzler. Er führte zwei seiner Finger in ihre Vagina ein, so wie sie es wollte, und zog die Finger immer wieder in rhythmischen Bewegungen an die Vorderwand ihrer Vagina. Plötzlich und unerwartet begann sie zu ejakulieren. Der Mann war überrascht, aber auch begeistert und erregt von dem, was er gerade erlebt hatte. Sein Gesicht war von einer farblosen, etwas milchigen Flüssigkeit bedeckt, die einen leicht süßlichen, aber nicht unangenehmen Geschmack hatte. Irgendwie wurde er dadurch erregter. Er trocknete sein Gesicht mit seinem T-Shirt, küsste seine Frau leidenschaftlich und legte sich dann auf den Rücken, während sie sich über ihn beugte und ebenfalls begann, ihn mit ihrem Mund zu verwöhnen. Sie nahm seinen Penis in den Mund und begann sanft zu saugen und zu lecken, während sie ihre Hand um seinen Schaft legte und ihn rhythmisch mit leichten drehenden Bewegungen massierte. Sie wusste genau, was sie zu tun hatte, der Mann genoss jede Berührung und spürte, wie seine

Erregung immer stärker wurde. Sie wechselte die Techniken und spielte mit Ihm, bis er schließlich seinen Orgasmus nicht mehr zurückhalten konnte und mit einem lauten Stöhnen kam. Schwer atmend lagen sie nebeneinander und küssten sich leidenschaftlich. Sie erlebten eine wunderbare Nacht, tauschten noch lange Zärtlichkeiten aus und genossen jeden Augenblick, den sie miteinander verbrachten. Sie waren dankbar füreinander und empfanden beide die Ejakulation der Frau als Bereicherung.

Können Frauen ejakulieren?

Ja, Frauen können beim Geschlechtsverkehr oder mittels anderer Stimulationstechniken ejakulieren, was auch als weibliche Ejakulation oder "Squirting" bezeichnet wird. Es handelt sich dabei um die Freisetzung von Flüssigkeit aus den paraurethralen Drüsen, auch Skene-Drüsen genannt, meist während des sexuellen Höhepunktes. Das weibliche Ejakulat besteht hauptsächlich aus Wasser, enthält aber auch geringe Mengen an Urin, Kreatinin, Glukose, prostataspezifischem Antigen (PSA) und Enzymen wie Pepsin und Lipase. Die genaue Zusammensetzung des weiblichen Ejakulats ist jedoch noch nicht vollständig verstanden[4,5].

Nicht alle Frauen sind in der Lage, beim Geschlechtsverkehr zu ejakulieren, da dies bei einigen Frauen aufgrund physiologischer oder psychologischer Faktoren schwieriger sein kann als bei anderen. Wenn Sie oder Ihre Partnerin sich für die weibliche Ejakulation interessieren, können Sie gemeinsam experimentieren und herausfinden, ob es für Sie eine angenehme und lustvolle Erfahrung ist oder werden kann.

Die weibliche Ejakulation kann durch Stimulation der Skene-Drüsen und des umliegenden Gewebes während des sexuellen Höhepunkts ausgelöst werden. Es gibt jedoch keine einheitliche Methode, die bei allen Frauen zur Ejakulation führt, da die Stimulation der Skene-Drüsen von Frau zu Frau unterschiedlich sein kann. Der G-Punkt, der sich an der vorderen Scheidenwand befindet, kann bei einigen Frauen zur Stimulation der Skene-Drüsen beitragen. Die Verwendung spezieller Vibratoren zur Stimulation des G-Punkts und der Klitoris kann die Wahrscheinlichkeit einer weiblichen Ejakulation erhöhen. Eine erhöhte Erregung durch klitorale Stimulation kann ebenfalls dazu beitragen, dass eine Frau ejakuliert. Es ist wichtig, dass die Frau während der sexuellen Aktivität entspannt und emotional erregt ist, da dies den Ejakulationsprozess erleichtern kann. Die weibliche Ejakulation ist ein Thema, das weiterer Forschung bedarf, um die anatomischen, physiologischen und psychologischen Aspekte besser zu verstehen.

Sexstellungen

Es gibt unzählige Sexstellungen, die ein Paar ausprobieren kann. Die Anzahl variiert je nach Kultur, Vorlieben und körperlichen Fähigkeiten der Partner. Die bekanntesten Stellungen stammen aus dem altindischen Text „Kamasutra", der etwa

64 Stellungen beschreibt. In der Realität gibt es jedoch noch mehr Variationen und Kombinationen.

In Deutschland sind einige der beliebtesten Sexstellungen die Missionarsstellung, die Hündchenstellung (Doggy Style), die Reiterstellung und die Löffelchenstellung. Natürlich variieren die Vorlieben von Person zu Person, und es gibt viele weitere Stellungen, die je nach Geschmack und Komfort ausprobiert werden können. Stellungen, die den Orgasmus der Frau begünstigen, sind solche, die eine Stimulation der Klitoris und/oder des G-Punkts ermöglichen. Einige Beispiele hierfür sind:

Die Reiterstellung: In dieser Position, bei der die Frau auf dem Mann sitzt, während er liegt oder sitzt, kann die Frau den Winkel und das Tempo der Penetration besser kontrollieren und gleichzeitig ihre Klitoris stimulieren.

Die Coital Alignment Technique (CAT): Hier geht es um eine Variante der Missionarsstellung, bei der der Mann etwas weiter nach oben rutscht, um die Klitoris während der Penetration besser zu stimulieren.

Die Hündchen Stellung mit flach liegendem Oberkörper: In dieser Position kann der Penis den G-Punkt der Frau stärker stimulieren.

Sexstellungen werden normalerweise im Bett ausprobiert, aber Paare können auch andere Orte für sexuelle Aktivitäten wählen, wie zum Beispiel Sofa, Stuhl, Dusche, Tisch oder Badewanne. In manchen Fällen suchen Paare auch nach aufregenderen Orten, um ihre Sexualität auszuleben, solange sie dabei auf Diskretion und rechtliche Bestimmungen achten.

Die Sexstellung kann einen Einfluss auf die Orgasmusfähigkeit haben, da sie bestimmt, welche erogenen Zonen stimuliert werden und wie intensiv diese Stimulation ist. Der Winkel der Penetration spielt dabei eine wichtige Rolle, da er den Druck auf bestimmte Bereiche, wie zum Beispiel den G-Punkt oder die Klitoris, beeinflusst. Durch das Ausprobieren verschiedener Stellungen und Winkel können Paare herausfinden, welche Kombinationen für sie am besten funktionieren und die größte Lust und Befriedigung bieten.

Liebe Gentlemen: Sprechen Sie mit Ihrer Partnerin offen und ehrlich über Ihre Wünsche, Vorlieben und Grenzen, wenn es um Sexstellungen geht, die Sie ausprobieren möchten. Informieren Sie sich gemeinsam über verschiedene Sexstellungen und besprechen Sie, welche für Sie und Ihre Partnerin in Frage kommen. Sie können Bücher, Websites oder Videos benutzen, um Ideen zu sammeln. Beginnen Sie mit einfachen, vertrauten Stellungen und arbeiten Sie sich langsam zu komplexeren oder herausfordernden Stellungen vor. Achten Sie darauf, dass Sie sich beide in jeder Stellung wohl und sicher fühlen. Erwarten Sie nicht, dass jede neue Stellung sofort perfekt funktioniert. Manche Stellungen erfordern etwas Übung, bevor sie sich richtig anfühlen. Seien Sie geduldig und entspannt und versuchen Sie, die Erfahrung zu genießen, auch wenn nicht alles auf Anhieb funktioniert. Geben Sie Ihrer Partnerin während und nach dem Ausprobieren neuer Stellungen Feedback und ermutigen Sie sie, dasselbe zu tun. Finden Sie heraus, was Ihnen beiden gefallen hat und was nicht, und passen Sie Ihre zukünftigen Experimente entsprechend an. Vermeiden Sie Stellungen, bei denen Schmerzen auftauchen und teilen Sie sich gegenseitig sofort mit, wenn Sie etwas als unangenehm empfinden.

Achten Sie darauf, dass Sie und Ihre Partnerin ausreichend aufgewärmt sind, bevor Sie neue Stellungen ausprobieren. Verbringen Sie viel Zeit mit dem Vorspiel, um sicherzustellen, dass Sie beide ausreichend erregt und bereit für das Eindringen sind. Achten Sie darauf, ob einer von Ihnen körperliche Einschränkungen hat, die das Ausprobieren bestimmter Stellungen erschweren oder unmöglich machen könnten. Respektieren Sie die Grenzen und finden Sie alternative Stellungen, die für beide angenehm sind. Vergessen Sie nicht, dass Ihr Sex eine intime und lustvolle Erfahrung sein sollte. Haben Sie Spaß und genießen Sie den Moment, während Sie verschiedene Stellungen ausprobieren. Finden Sie gemeinsam heraus, was Ihnen beiden in verschiedenen Situationen und an unterschiedlichen Orten zusagt, um neue Erfahrungen zu machen, die für Sie beide erfüllend sind.

Für Sie als Mann und Gentleman ist es von Vorteil, die Vorlieben Ihrer Partnerin zu kennen, um sie beim Sex besser stimulieren zu können. Da die Frau dadurch bessere Chancen auf ein erfülltes sexuelles Erlebnis hat, können Sie Ihre

Fähigkeiten als guter Liebhaber und einfühlsamer Partner weiterentwickeln. Sie werden in vielerlei Hinsicht davon profitieren.

Eine Geschichte dazu: Es war ihr erster gemeinsamer Abend im Bett, seitdem sie sich kennengelernt hatten. Das frisch verliebte Paar lag eng aneinander gekuschelt und genoss die Intimität und Nähe, die sie miteinander teilten. Doch plötzlich durchbrach die Frau die Stille und fragte ihren neuen Partner: „Hast du Lust, ein paar neue Sexstellungen auszuprobieren? Ich würde gerne herausfinden, welche für mich am besten funktionieren." Der Mann war überrascht, aber auch neugierig und aufgeregt. Er hatte noch nie eine Partnerin gehabt, die so offen und selbstbewusst war. Gemeinsam begannen sie, verschiedene Bücher und Websites zu durchsuchen, um Ideen zu sammeln. Schließlich entschieden sie sich für drei Stellungen, die sie ausprobieren wollten. Die erste Position war die Missionarsstellung, aber mit einer kleinen Variation. Der Mann setzte sich aufrecht hin und stützte sich auf seine Arme, während die Frau ihre Beine um seine Taille schlang. Auf diese Weise konnte sie ihre Hüfte anheben und die Stimulation ihres G-Punkts erhöhen. Es dauerte nicht lange, bis sie laut stöhnte und zum Orgasmus kam. Die nächste Stellung war die „Cowgirl"-Position, bei der die Frau oben war und den Rhythmus bestimmte. Sie liebte es, die Kontrolle zu übernehmen und den Blickkontakt mit ihrem Partner zu halten, während sie sich auf und ab bewegte. Der Mann genoss es, ihre Brüste zu berühren und ihre Schenkel zu umfassen, während sie sich bewegte und auf ihm ritt. Schließlich kam auch er zum

Höhepunkt. Die letzte Stellung war die Löffelchenstellung. Sie lagen eng aneinander und der Mann drang von hinten in sie ein. Die Frau spürte seine Erektion tief in sich und drückte sich gegen ihn, um eine noch intensivere Stimulation zu erreichen. Diesmal war es der Mann, der zuerst zum Orgasmus kam, aber die Frau fühlte sich immer noch unglaublich erfüllt und befriedigt. Am Ende des Abends lagen sie eng aneinander gekuschelt und genossen die Nachwirkungen ihrer erotischen Erkundungen. Sie hatten nicht nur einfache neue Stellungen ausprobiert, sondern auch ihre Intimität und Vertrautheit gestärkt. Sie waren glücklich darüber, dass sie in der Lage waren, offen und ehrlich miteinander zu sprechen und ihre Sexualität auf eine Weise zu erforschen, die für beide erfüllend war. In den nächsten Wochen und Monaten, als sie ihre Beziehung weiter vertieften, experimentierten sie mit verschiedenen anderen Sexstellungen und entdeckten neue Wege, um ihre gegenseitige Lust und Befriedigung zu steigern. Die Frau fand heraus, dass sie besonders auf Doggy-Style und die Schere stand, während der Mann sich gerne mit der 69-Position und der Gabelung beschäftigte. Sie lernten auch, wie sie durch Vorspiel, Kommunikation und gegenseitige Aufmerksamkeit ihre Erfahrungen verbessern und ihre Beziehung weiter stärken konnten. Sie nahmen sich Zeit, um sich aufeinander einzulassen und die Bedürfnisse und Wünsche des anderen zu verstehen. Es war eine Reise der sexuellen Entdeckung und Intimität, die ihnen half, eine tiefere Verbindung aufzubauen und ihre Liebe zueinander zu vertiefen. Schließlich erkannten sie, dass ihre Erforschung der Sexualität auch ihre Beziehung auf eine tiefere Ebene brachte. Sie waren in der Lage, sich noch mehr aufeinander zu verlassen und ihre Beziehung mit Vertrauen und Verständnis zu stärken.

Das Kamasutra ist ein altindisches Lehrwerk über Liebe, Erotik, Sexualität und Vergnügen, das von Vatsyayana Mallanaga verfasst wurde. Es enthält eine Vielzahl von Sexstellungen und Techniken, die darauf abzielen, das sexuelle Vergnügen und die emotionale Intimität zwischen Partnern zu erhöhen. Das Kamasutra besteht nicht nur aus Sexstellungen, sondern auch Ratschläge zu Liebe, Beziehungen und anderen Aspekten des Lebens bietet. Die Sexstellungen des Kamasutras können in verschiedene Kategorien eingeteilt werden, basierend auf den Hauptstellungen, aus denen sie abgeleitet sind. Einige der Hauptstellungen sind:

Missionarsstellung (Man-on-Top): In dieser Stellung liegt die Frau auf dem Rücken, während der Mann auf ihr liegt und die Beine der Frau entweder geöffnet oder geschlossen sind. Diese Position bietet eine enge körperliche und emotionale Verbindung zwischen den Partnern und ermöglicht tiefe Penetration. Abwandlungen dieser Position können unterschiedliche Winkel und Beinpositionen umfassen.

Frau-oben-Stellung (Woman-on-Top): In dieser Stellung sitzt oder kniet die Frau auf dem Mann, der auf dem Rücken liegt. Diese Position ermöglicht der Frau, die Kontrolle über Geschwindigkeit, Tiefe und Winkel der Penetration zu übernehmen. Varianten dieser Position können die Frau in einer hockenden oder liegenden Position einschließen.

Hündchenstellung (Doggystyle): In dieser Stellung kniet die Frau auf allen Vieren, während der Mann hinter ihr steht oder kniet und eindringt. Diese Position ermöglicht eine tiefe Penetration und kann auch für Analsex verwendet werden. Abwandlungen können die Frau in einer stehenden oder liegenden Position einschließen.

Löffelstellung (Spooning): In dieser Stellung liegen beide Partner auf der Seite, der Mann hinter der Frau. Diese Position ermöglicht eine sanfte Penetration und ist ideal für Paare, die eine intime und entspannte Erfahrung suchen. Varianten können unterschiedliche Beinpositionen und Winkel der Penetration umfassen.

Stehende Stellungen: Diese Stellungen beinhalten, dass beide Partner stehen oder einer der Partner steht, während der andere sitzt oder liegt. Stehende Stellungen erfordern oft mehr körperliche Anstrengung und Gleichgewicht, können aber für Abwechslung und ein intensives Vergnügen sorgen.

Die Sexstellungen im Kamasutra sind vielfältig und bieten zahlreiche Möglichkeiten für Paare, ihre Intimität und ihr sexuelles Vergnügen zu steigern. Beide Partner sollten offen für Experimente sein und respektvoll auf die Bedürfnisse und Grenzen des anderen achten.

Sexspielzeuge und Hilfsmittel für mehr Genuss

Sexspielzeuge und Hilfsmittel sind Gegenstände, die verwendet werden, um sexuelles Vergnügen und Stimulation zu erhöhen oder um neue Empfindungen und Erfahrungen während des sexuellen Spiels zu ermöglichen. Es gibt eine Vielzahl von Sexspielzeugen und Hilfsmitteln auf dem Markt, die für verschiedene Zwecke und Vorlieben geeignet sind. Einige der häufigsten Kategorien sind:

Vibratoren: Diese Spielzeuge sind in verschiedenen Formen, Größen und Materialien erhältlich und dienen der Stimulation von Klitoris, G-Punkt, Prostata oder anderen erogenen Zonen. Sie können von Frauen und Männern bei der Masturbation und von Paaren zur gegenseitigen Stimulation verwendet werden.

Dildos: Dildos sind phallusförmige Objekte, die zur vaginalen oder analen Penetration verwendet werden können. Sie können aus verschiedenen Materialien wie Silikon, Glas, Holz oder Edelstahl hergestellt sein.

Penisringe: Penisringe werden um den Schaft oder die Basis des Penis getragen und können dazu beitragen, eine Erektion länger aufrechtzuerhalten und die Empfindungen für den Träger zu verstärken. Einige Penisringe sind auch mit kleinen Vibratoren ausgestattet, die zusätzliche Stimulation für den Partner bieten.

Analplugs: Analplugs sind kleine Spielzeuge, die zur analen Stimulation verwendet werden. Sie sind oft kegelförmig und können während des Geschlechtsverkehrs oder als Vorspiel getragen werden.

Bondage- und BDSM-Zubehör: Dazu gehören Handschellen, Seile, Augenbinden, Peitschen und Paddel, die verwendet werden können, um sinnliche Dominanz und Unterwerfung in der Beziehung zu erkunden.

Masturbatoren: Diese sind speziell für Männer entwickelt und können verschiedene Formen haben, um den Penis zu stimulieren.

Gleitmittel: Gleitmittel erleichtern die Penetration und reduzieren Reibung und Unbehagen bei vaginalem und analem Sex.

Einige Spielzeuge eignen sich besonders gut für Paare, wie Vibratoren für Paare, die während des Geschlechtsverkehrs getragen werden können, um beide Partner gleichzeitig zu stimulieren, oder Massagekerzen und Massageöle, die dazu verwendet werden können, um als Paar in die sinnliche oder erotische Massage einzutauchen.

Sexspielzeuge und Hilfsmittel können jederzeit eingesetzt werden, solange beide Partner damit einverstanden sind und sich wohlfühlen. Sie können helfen, das Vorspiel aufzupeppen, neue Empfindungen und Erfahrungen zu ermöglichen oder der Langeweile im Schlafzimmer entgegenzuwirken.

Liebe Gentlemen: Bevor Sie Spielzeug benutzen, sollten Sie sich mit Ihren natürlichen Möglichkeiten auseinandersetzen und Mund, Hände und Penis sinnvoll und liebevoll einsetzen. Dies ist besonders wichtig, wenn Sie am Anfang einer Beziehung stehen und die Intimität mit Ihrer Partnerin vertiefen möchten. Sexspielzeuge und Hilfsmittel können eine Ergänzung zum Liebesleben eines Paares sein, aber sie sollten nicht die Hauptrolle spielen.

Der richtige Zeitpunkt für den Einsatz von Spielzeugen und Hilfsmitteln hängt ansonsten von Ihrer individuellen Beziehung und den Vorlieben ab. Sobald Sie und Ihre Partnerin eine solide Vertrauensbasis aufgebaut haben und sich in der Beziehung sicher fühlen, können solche Extras behutsam und nach Absprache in das Liebesspiel miteinbezogen werden. So können Spielzeuge und Hilfsmittel Ihr Liebesleben bereichern und für zusätzliche Abwechslung und Freude sorgen.

Erotische Filme und Literatur

Erotische Filme und Literatur können einem Paar helfen, seine Sexualität zu verbessern, indem sie neue Ideen, Fantasien und Inspiration liefern. Beim gemeinsamen Anschauen oder Lesen können Sie und Ihre Partnerin offen über Ihre Vorlieben, Wünsche und Fantasien sprechen und so besser aufeinander eingehen.

Filme und erotische Literatur können Ihren Sex intimer machen, indem Sie das Bewusstsein für die eigenen Bedürfnisse und die Ihrer Partnerin schärfen. Sie regen dazu an, die eigene Komfortzone zu verlassen und sich gemeinsam auf Neues einzulassen. Dadurch wachsen emotionale Nähe und Verbundenheit zwischen Ihnen und Ihrer Partnerin.

Es kann durchaus sinnvoll sein, sich gegenseitig mit selbstgedrehten Filmen zu stimulieren, solange beide Partner damit einverstanden sind und sich dabei wohl fühlen. Selbstgedrehte Filme können eine ganz besondere, persönliche Note haben und dazu beitragen, die Erinnerung an besondere Momente oder Erlebnisse in der Beziehung festzuhalten. Sie können auch dazu dienen, das Vertrauen und die Intimität zwischen Ihnen und Ihrem Partner zu stärken. Wichtig ist, dass bei der Erstellung solcher Filme auf Diskretion und Datenschutz geachtet wird, um die Privatsphäre beider Partner zu schützen. Erotische Fotos können Erinnerungen an besonders schöne intime Momente wecken.

Erotische Träume und Fantasien als Ventil

Fantasien und erotische Träume spielen aus psychologischer Sicht eine wichtige Rolle, da sie Ausdruck unserer innersten Wünsche, Bedürfnisse und Emotionen sind. Sie können als Ventil dienen, um Spannungen und Stress abzubauen, und als kreativer Ausdruck unserer Sexualität fungieren.

Erotische Fantasien und Träume können vielfältige Themen und Situationen umfassen. Sie können von zärtlichen, liebevollen Szenen bis hin zu kühnen, gewagten oder gar verbotenen Situationen reichen. Das Ziel solcher Fantasien ist nicht immer eindeutig, da sie von Person zu Person unterschiedlich sein können. Manche Menschen nutzen erotische Fantasien, um ihre sexuelle Erregung zu steigern, während andere sie als Möglichkeit nutzen, um unbewusste Ängste, Wünsche oder Konflikte zu verarbeiten.

In einer Paarbeziehung können Fantasien und erotische Träume zur Verbesserung der Sexualität beitragen, indem sie neue Ideen und Anregungen liefern. Sie können dazu führen, dass Partner miteinander kommunizieren und offen über ihre Wünsche und Bedürfnisse sprechen. Das Teilen von Fantasien kann helfen, Vertrauen und Intimität in einer Beziehung zu vertiefen und ein größeres Verständnis füreinander zu schaffen.

Fantasien und erotische Träume sind natürlich und normal und ein Teil unserer menschlichen Sexualität und können eine Bereicherung für das Liebesleben sein, solange sie in einem respektvollen und einvernehmlichen Rahmen geteilt und ausgelebt werden.

Erotische Fantasien und Träume sind sehr individuell und können ein breites Spektrum an Themen und Szenarien umfassen. Einige der häufigsten Arten erotischer Fantasien und Träume sind:

Romantische Fantasien: Diese Fantasien konzentrieren sich auf Zärtlichkeit, emotionale Nähe und liebevolle Handlungen zwischen den Beteiligten. Sie können zum Beispiel ein romantisches Abendessen bei Kerzenschein, einen Spaziergang am Strand oder eine gemeinsame Dusche beinhalten.

Dominanz und Unterwerfung: Hier geht es um Macht und Kontrolle. In diesen Fantasien übernimmt ein Partner die dominante Rolle und gibt Anweisungen oder Befehle, während der andere Partner die unterwürfige Rolle einnimmt und folgt.

Voyeurismus und Exhibitionismus: Diese Fantasien beziehen sich auf das Beobachten oder Beobachtetwerden beim sexuellen Akt. Manche Menschen träumen davon, anderen heimlich beim Sex zuzusehen, andere werden erregt, wenn sie wissen, dass sie von anderen beobachtet werden.

Gruppensex, Partnertausch, Swinger-Partys oder Orgien: Hier geht es um sexuelle Begegnungen und das Ausleben sexueller Fantasien mit mehreren und/oder fremden Personen Diese Fantasien können auch das Ausleben bisexueller Neigungen beinhalten.

Rollenspiele: Diese Fantasien beinhalten das Schlüpfen in verschiedene Rollen oder Charaktere, um sexuelle Situationen zu inszenieren. Beispiele sind der Arzt und die Patientin, der Lehrer und die Schülerin oder die Polizistin und der Verdächtige.

Verbotene oder tabuisierte Situationen: Manche erotischen Fantasien drehen sich um Situationen, die im realen Leben als unangemessen oder moralisch verwerflich gelten würden. Dies können zum Beispiel sexuelle Begegnungen mit Autoritätspersonen, Inzestfantasien oder der Wunsch nach einer Affäre sein.

Fetische: Diese Fantasien konzentrieren sich auf bestimmte Gegenstände, Materialien oder Körperteile, die für die betroffene Person sexuell erregend sind. Beispiele sind Schuhfetischismus, Latexkleidung oder Fußfetischismus.

Erotische Fantasien und Träume sind völlig normal, natürlich und Teil der menschlichen Sexualität. Sie können das sexuelle Erleben bereichern, solange sie in einem respektvollen und einvernehmlichen Rahmen geteilt und gelebt werden.

Kapitel 11

Selbstfürsorge entspannt

Stressbewältigung und Sexualität

Stress ist eine natürliche Reaktion des Körpers auf physische oder psychische Herausforderungen und kann sich sowohl körperlich als auch psychisch auf Ihre Sexualität auswirken.

Körperlich kann Stress dazu führen, dass der Körper Stresshormone wie Adrenalin und Cortisol freisetzt, welche die Durchblutung und die Funktion des Nervensystems beeinflussen. Dies kann zu einer verminderten Libido, Erektionsstörungen bei Männern oder Schwierigkeiten beim Erreichen eines Orgasmus bei Frauen führen. Beruflicher Stress und Existenzangst führt beispielsweise bei Männern zu einer reduzierten Libido mit Erektionsstörungen oder chronischer Unlust.

Psychisch kann Stress Angstgefühle, Nervosität und Unruhe verursachen, die sich auf das allgemeine Wohlbefinden und die Fähigkeit, sich auf sexuelle Aktivitäten einzulassen, auswirken. Stress kann auch zu Konzentrationsproblemen, Schlafstörungen und Erschöpfung führen, die das sexuelle Verlangen und die Zufriedenheit verringern können.

Um Stress in Bezug auf Sexualität und Sex gezielt zu reduzieren, sind die bereits zuvor im Buch beschriebenen Achtsamkeitsübungen, Atemübungen, Muskelentspannungsübungen und Kommunikationsübungen und Maßnahmen der Selbstfürsorge von großer Bedeutung. Stress kann reduziert, neutralisiert und verhindert werden, wenn die sogenannte Selbstfürsorge in einer Paarbeziehung im Vordergrund steht.

Selbstfürsorge in Bezug auf Sexualität

Selbstfürsorge in der Partnerschaft bezieht sich auf die Fähigkeit und Bereitschaft, für das eigene Wohlbefinden und die eigenen Bedürfnisse zu sorgen und gleichzeitig als Partner präsent zu sein. Aus psychologischer Sicht ist Selbstfürsorge wichtig, um eine gesunde Balance zwischen den Anforderungen des Alltags und der Partnerschaft zu finden und das eigene emotionale, körperliche und geistige Wohlbefinden zu erhalten.

In einer Beziehung ist es wichtig, dass beide Partner auf ihre Selbstfürsorge achten. Zu den wesentlichen Aspekten, die ein Paar diesbezüglich verinnerlichen sollte, gehören:

Zeit für sich selbst einplanen: Es ist wichtig, regelmäßig Zeit für sich selbst zu finden, um Hobbys nachzugehen, sich zu entspannen und neue Energie zu tanken.

Offene Kommunikation: Sprechen Sie offen über Ihre Bedürfnisse und Gefühle, um ein tieferes Verständnis und gegenseitige Unterstützung in der Beziehung zu fördern.

Grenzen setzen: Lernen Sie, „Nein" zu sagen und Ihre eigenen Grenzen zu wahren, um Überforderung und Erschöpfung zu vermeiden.

Als Gentleman können Sie Ihre Partnerin bei der Selbstpflege auf verschiedene Weise unterstützen:

Ermutigung: Ermutigen Sie Ihre Partnerin, sich Zeit für sich selbst zu nehmen und ihre Bedürfnisse nicht zu vernachlässigen. Zeigen Sie Verständnis und unterstützen Sie sie in ihren Bemühungen, sich selbst zu pflegen.

Hilfe anbieten: Bieten Sie Ihre Hilfe im Haushalt und bei alltäglichen Themen an, um Ihrer Partnerin mehr Freiraum für ihre Selbstfürsorge zu ermöglichen.

Gemeinsame Aktivitäten: Planen Sie gemeinsame Aktivitäten, die beiden Partnern Freude bereiten und gleichzeitig zur Entspannung und Erholung beitragen.

Selbstfürsorge ist eine wichtige Voraussetzung für guten Sex und eine erfüllende Sexualität aus verschiedenen Gründen:

Zunächst spielt das körperliche Wohlbefinden eine entscheidende Rolle. Wenn man auf seinen Körper achtet und regelmäßig Sport treibt, gesund isst und ausreichend schläft, fühlt man sich in der eigenen Haut wohler und ist leistungsfähiger. Dies trägt dazu bei, dass man während des Geschlechtsverkehrs mehr Ausdauer hat und besser auf die Bedürfnisse des Partners eingehen kann.

Emotionale Stabilität ist ebenfalls ein bedeutender Faktor. Selbstfürsorge bedeutet, sich um seine mentalen und emotionalen Bedürfnisse zu kümmern, was zu einer gesünderen Einstellung gegenüber Sex und Intimität führen kann. Indem man sich Zeit für sich selbst nimmt, um sich zu entspannen, kann man Stress abbauen und sich mehr auf die Erfahrung der Intimität konzentrieren.

Selbstakzeptanz und Selbstbewusstsein sind weitere wichtige Aspekte der Selbstfürsorge. Wenn man ein positives Selbstbild hat und sich seiner eigenen Wünsche und Bedürfnisse bewusst ist, kann man offener und ehrlicher in Bezug auf seine sexuellen Vorlieben und Grenzen sein. Dies ermöglicht es beiden Partnern, eine tiefere Verbindung aufzubauen und sich gegenseitig besser zu befriedigen. Und, wie soll es auch anders sein, gute Kommunikation über Sex und Sexualität kann ebenfalls als Teil der Selbstfürsorge gesehen werden. Offene Gespräche mit dem Partner über sexuelle Wünsche,

Bedenken und Grenzen können dazu beitragen, Missverständnisse zu vermeiden und eine gesunde, erfüllende sexuelle Beziehung aufrechtzuerhalten.

Selbstfürsorge ist eine grundlegende Voraussetzung für guten Sex und Sexualität, da sie dazu beiträgt, dass man sich in seinem Körper wohlfühlt, emotional stabil ist, Selbstakzeptanz und Selbstbewusstsein fördert und offen kommuniziert.

„Nein" sagen ist Kennzeichen von Selbstfürsorge

Viele Frauen, aber auch manche Männer, haben Schwierigkeiten damit, in Bezug auf Sexualität und sexuelle Handlungen „Nein" zu sagen. Dieses Problem kann auf verschiedene Faktoren zurückgeführt werden, wie zum Beispiel auf die soziale Konditionierung und das Bedürfnis nach Anerkennung und Akzeptanz. Oft werden Frauen von klein auf dazu erzogen, fürsorglich, einfühlsam und kooperativ zu sein, was dazu führen kann, dass sie Schwierigkeiten haben, ihre eigenen Bedürfnisse und Wünsche auszudrücken. Sie befürchten, als egoistisch oder unfreundlich wahrgenommen zu werden oder Konflikte und Ablehnung zu provozieren.

Um das „Nein"-Sagen in der Sexualität zu erleichtern, können Frauen und Männer zunächst ihre eigenen Bedürfnisse, Wünsche und Grenzen erkennen und akzeptieren. Sie können lernen, ihre Gefühle und Bedürfnisse klar und respektvoll auszudrücken, ohne sich schuldig oder unsicher zu fühlen. Dies kann durch persönliche Übung mit dem Partner oder der Partnerin, über Selbsthilfebücher oder auch professionelle Hilfe erreicht werden.

Das „Nein"-Sagen kann sowohl positive als auch negative Auswirkungen auf die Beziehung haben. Positive Auswirkungen können die Stärkung der persönlichen Grenzen sein, wenn Frauen „Nein" sagen, um klare Grenzen zu setzen und ihr emotionales und körperliches Wohlbefinden zu schützen. Es kann auch dazu beitragen, ein Umfeld zu schaffen, in dem beide Partner ihre Bedürfnisse und Wünsche offen ansprechen und diskutieren können, was zu einer offenen und ehrlichen Kommunikation führt.

Negative Auswirkungen können jedoch auftreten, wenn das „Nein"-Sagen aggressiv oder unsensibel erfolgt, was zu Missverständnissen oder Konflikten führen kann. Daher ist es wichtig, dass Frauen und Männer lernen, ihre Grenzen auf respektvolle und liebevolle Weise zu kommunizieren, um eine gesunde und ausgeglichene Beziehung zu pflegen.

Als Mann und Gentlemen können Sie das „Nein"-Sagen ihrer Partnerin in einer Beziehung unterstützen, indem sie aufmerksam, verständnisvoll und einfühlsam sind. Sie können ihre Partnerin ermutigen, ihre eigenen Bedürfnisse und Wünsche offen zu äußern und ihr zeigen, dass Sie ihre Meinung wertschätzen. Dies kann durch aktives Zuhören, respektvolle Kommunikation und das Schaffen eines sicheren Umfelds erreicht werden, in dem beide Partner offen über ihre Gefühle und Bedenken sprechen. Dazu gehört auch, dass Sie als Mann selbst Grenzen setzen und das „Nein"-Sagen für sich selbst kultivieren.

Indem Sie als Mann und Gentleman das gegenseitige „Nein"-Sagen respektieren und unterstützen, zeigen sie ihrer Partnerin, dass sie ihre Autonomie und Individualität anerkennen. Sie zeigen gleichzeitig Ihre eigene Autonomie und Individualität. Dies kann dazu beitragen, ein Gefühl der Gleichberechtigung und gegenseitigen Achtung in der Beziehung zu fördern und letztendlich die Intensität und Nähe zwischen Ihnen als Partner in Ihrer Liebesbeziehung zu erhöhen.

Dazu eine Geschichte: Sophie und Tom waren seit zwei Jahren ein Paar und verbrachten ihre gemeinsame Zeit in Harmonie und Liebe. Sie führten eine glückliche Beziehung, hatten jedoch noch einige unentdeckte Seiten ihrer Sexualität. Eines Abends, nach einem romantischen Dinner bei Kerzenschein, fühlten sich beide zueinander hingezogen und entschlossen sich, ihre körperliche Liebe zu erkunden. Als sie im Bett lagen, begann Tom, Sophies Körper zärtlich und liebevoll zu berühren. Sophie spürte jedoch, dass sie in diesem Moment nicht bereit für Geschlechtsverkehr war. Obwohl sie ihren Partner liebte und sich ihm nahe fühlen wollte, entschied sie sich, ihrem Gefühl zu folgen und „Nein" zu sagen. Sie sprach ihre Bedenken sanft und einfühlsam aus und erklärte Tom, dass sie noch etwas Zeit brauchte, um sich für diesen intimen Akt bereit zu fühlen. Tom war überrascht, aber er respektierte Sophies Entscheidung und zeigte Verständnis für ihre Gefühle.

Anstatt enttäuscht oder verletzt zu reagieren, begann er, mit Sophie über ihre Ängste und Unsicherheiten zu sprechen. Sie teilten ihre Gedanken und Gefühle miteinander und erkannten, dass es für beide wichtig war, auf die Bedürfnisse des anderen einzugehen und gemeinsam ihre Sexualität weiterzuentwickeln. In den darauffolgenden Wochen nahmen sich Sophie und Tom die Zeit, mehr über ihre eigenen Wünsche und Vorlieben zu lernen und offen darüber zu sprechen. Sie experimentierten mit verschiedenen Arten von Zärtlichkeit und Nähe, die ihnen dabei halfen, ein tieferes Verständnis füreinander aufzubauen. Durch das „Nein"-Sagen hatte Sophie nicht nur ihr Selbstvertrauen gestärkt, sondern auch Tom dazu ermutigt, seine eigenen Bedürfnisse und Grenzen besser zu erkennen und zu kommunizieren. Eines Abends, als sie erneut zusammen im Bett lagen, fühlte Sophie, dass sie nun bereit war, sich Tom vollkommen hinzugeben. Sie hatte durch das „Nein"-Sagen gelernt, auf ihre eigenen Gefühle zu hören und mit Tom ehrlich darüber zu sprechen. Tom war dankbar für diese Offenheit und vertrauensvolle Atmosphäre, die ihre Beziehung gestärkt hatte. Sie vereinten sich schließlich in Liebe und Leidenschaft, wobei sie sich gegenseitig respektierten und auf die Bedürfnisse des anderen eingingen. Sophies „Nein" hatte beiden Partnern geholfen, ihr Selbstvertrauen in Bezug auf ihre Sexualität zu stärken und eine tiefere Verbindung und Intimität in ihrer Beziehung zu schaffen. Ihre Liebe wuchs und entwickelte sich dadurch weiter.

Als Mann und Gentleman sollten Sie ein „Nein" immer respektieren und gleichzeitig als Chance sehen, mit Ihrer Partnerin darüber ins Gespräch zu kommen. Wenn eine Frau in sexueller Hinsicht zu etwas „Nein" sagt, dann ist das ein „Nein". Es gibt kein „Ja", das als „Nein" getarnt ist, es sei denn, dies wurde in einem Rollenspiel oder auf andere Weise mit Ihrer Partnerin klar vereinbart.

Kapitel 12:

Sexuelle Herausforderungen und Lösungen

Schwierigkeiten und Unsicherheiten

Viele Menschen sind unsicher oder fühlen sich unwohl in ihrem Körper, was sich auf ihre Sexualität auswirken kann. Probleme können dabei entstehen, sich zum Beispiel nackt vor dem Partner zu zeigen oder eigene Bedürfnisse und Wünsche auszudrücken.

Die sexuellen Vorlieben und Bedürfnisse von Paaren können variieren. Es kann herausfordernd sein, diese zu erkunden und sich darauf einzustellen. Wenn jemand unsicher ist, ob er den Partner zufriedenstellen kann, kann das zu Stress und falscher Zurückhaltung führen.

Nicht wenige Menschen haben Bedenken, ob sie im Bett gut genug sind oder den Erwartungen des Partners gerecht werden. Solche Unsicherheiten können das Selbstvertrauen und das sexuelle Selbstbewusstsein beeinträchtigen. Manche Menschen sorgen sich, ob sie auch in Zukunft die sexuellen Bedürfnisse des Partners erfüllen können, was zu weiteren Unsicherheiten und unnötigem Druck führen kann. Wo liegen dabei die häufigsten Schwierigkeiten?

Unterschiedliche Libido und sexuelle Bedürfnisse: Paare können verschiedene sexuelle Bedürfnisse und Vorlieben haben. Unzufriedenheit kann entstehen, wenn diese nicht erfüllt werden, was zu Frustration und Konflikten führen kann.

Kommunikationsschwierigkeiten bezüglich sexueller Vorlieben und Wünsche: Oft fällt es Paaren schwer, offen und ehrlich über ihre sexuellen Vorlieben und Wünsche zu sprechen. Ungeklärte Fragen können zu Konflikten führen und das Sexualleben beeinträchtigen.

Stress, Zeitmangel oder alltägliche Belastungen: Stress, Zeitmangel und andere alltägliche Herausforderungen können die sexuelle Beziehung negativ beeinflussen. Gestresste oder erschöpfte Paare können ihre sexuelle Lust verlieren.

Langeweile und Routine im Schlafzimmer: Wenn Paare immer dieselben sexuellen Handlungen ausführen, kann das zu Langeweile und Routine führen. Das kann dazu führen, dass das Interesse am Sex nachlässt oder die sexuelle Erfüllung verloren geht.

Körperliche oder gesundheitliche Probleme: Körperliche oder gesundheitliche Probleme können die sexuelle Beziehung beeinträchtigen. Erektionsstörungen, Schmerzen beim Geschlechtsverkehr oder chronische Krankheiten können Schwierigkeiten in der sexuellen Beziehung verursachen.

Darüber hinaus können Menschen mit Situationen konfrontiert worden sein, die als absolute No-Gos in sexuellen Beziehungen gelten und sich negativ auf eine Paarbeziehung auswirken. Folgende Situationen sind in der Praxis häufig anzutreffen:

No-Go: Nicht-einvernehmliche sexuelle Handlungen: Sex sollte immer einvernehmlich sein. Wenn eine Person nicht zustimmt, sollten die Grenzen respektiert werden.

No-Go: Verletzungen, körperlich oder seelisch, während des Geschlechtsverkehrs: Verletzungen sollten vermieden werden. Paare sollten sicherstellen, dass sie sich vor, während und nach dem Geschlechtsverkehr sicher und wohl fühlen.

No-Go: Unsauberkeit oder mangelnde Hygiene: Sauberkeit und Hygiene sind wichtig, um sexuell übertragbare Infektionen zu vermeiden. Paare sollten auf persönliche Hygiene achten und Verhütungsmittel wie Kondome verwenden, um ihre Gesundheit zu schützen.

No-Go: Fremdgehen oder sexuelle Aktivitäten außerhalb der Beziehung ohne Zustimmung: Untreue oder sexuelle

Aktivitäten außerhalb der Beziehung ohne Zustimmung können Vertrauen und Integrität zerstören. Paare sollten offen und ehrlich über ihre Erwartungen und Grenzen bezüglich sexueller Aktivitäten außerhalb der Beziehung sprechen.

Fast jeder von uns hat im Laufe seines Lebens negative Erfahrungen mit Sexualität und Sex gemacht oder läuft Gefahr, damit konfrontiert zu werden. Ein wesentlicher Aspekt, der zu negativen Erfahrungen beitragen kann, ist das gesellschaftliche Umfeld und die kulturellen Normen, in denen eine Person aufwächst. In einigen Kulturen und Religionen wird Sexualität als Tabuthema angesehen, was zu einer unzureichenden Aufklärung und einem Mangel an offener Kommunikation über sexuelle Bedürfnisse, Wünsche und Grenzen führt. Dies kann zu Missverständnissen und unerfüllten Erwartungen in sexuellen Beziehungen führen. Junge Männer und Frauen werden dabei häufig mit falschen Glaubenssätzen in die Irre geführt und bauen ihre Sexualität auf falschen Informationen auf.

Die Erziehung spielt ebenfalls eine entscheidende Rolle bei der Prägung der Einstellungen und Überzeugungen einer Person in Bezug auf Sexualität. In einigen Fällen kann eine strenge oder konservative Erziehung zu Scham, Schuld oder Angst im Zusammenhang mit sexuellen Aktivitäten führen. Diese Gefühle können sich im späteren Leben fortsetzen und negative Auswirkungen auf das sexuelle Erleben haben.

Persönliche Erfahrungen, wie etwa traumatische Ereignisse oder belastende Beziehungen, können ebenfalls zu negativen

Erfahrungen mit Sexualität führen. Solche Erfahrungen können das Vertrauen in den eigenen Körper oder in andere Menschen beeinträchtigen und Angst, Unsicherheit oder Schmerz im Zusammenhang mit sexuellen Aktivitäten hervorrufen.

Um negative Erfahrungen mit Sexualität und Sex zu überwinden, ist es wichtig, die Ursachen zu erkennen und gegebenenfalls professionelle Hilfe in Anspruch zu nehmen. Dies kann durch Gesprächstherapie, Sexualtherapie oder andere unterstützende Maßnahmen geschehen. Offene Kommunikation mit dem Partner und das Eingehen auf die Bedürfnisse und Grenzen des anderen sind ebenfalls entscheidend, um ein erfüllendes und gesundes Sexualleben zu führen. Da heute so gut wie alle Informationen zum Thema Sexualität und Sex frei im Netz zur Verfügung stehen, besteht jederzeit die Möglichkeit, das persönliche Wissen als Paar zu erweitern und falsche Einstellungen und Glaubenssätze zu korrigieren.

Wenn Unsicherheiten und Schwierigkeiten in Ihrer Beziehung auftreten, sollten Sie diese als Gentleman in gelöster Stimmung mit Ihrer Partnerin besprechen und gemeinsam nach Lösungen suchen. Stellen Sie dabei die richtigen Fragen und suchen Sie professionelle Hilfe, falls es notwendig sein sollte.

Einfühlsame Fragen bei sexuellen Problemen

Wie erfolgt die Kommunikation bei sensiblen Themen und sexuellen Problemen? Was muss man psychologisch gesehen dabei beachten? Wie tastet man sich an ein Problem heran? Wie vermeidet man dabei persönliche Verletzungen?

Die Kommunikation über sensible Themen und sexuelle Probleme kann eine echte Herausforderung sein, ist aber für eine gesunde und erfüllende Beziehung unerlässlich. Aus psychologischer Sicht sollten Sie auch als Laie auf bestimmte Punkte und Formulierungen im Gespräch achten, um den Dialog mit Ihrer Partnerin möglichst konstruktiv und verletzungsfrei zu gestalten. Die wenigsten Paare haben in ihrer alltäglichen Paarbeziehung professionelle Hilfe zur Hand.

Wählen Sie den richtigen Zeitpunkt und Ort: Finden Sie einen ruhigen und entspannten Moment, um das Gespräch zu beginnen. Vermeiden Sie es, das Thema Sexualität während eines Streits oder in einer angespannten Situation anzusprechen.

Verwenden Sie "Ich"-Botschaften: Sprechen Sie aus Ihrer Perspektive und drücken Sie Ihre Gefühle und Bedürfnisse aus, ohne Ihre Partnerin zu beschuldigen. Zum Beispiel:

„Ich fühle mich unsicher, wenn ich über meine sexuellen Wünsche spreche" statt „Du lässt mich nie über meine sexuellen Wünsche sprechen".

Hören Sie aktiv zu: Achten Sie darauf, Ihrer Partnerin zuzuhören und Verständnis zu zeigen, ohne direkt in die Verteidigung zu gehen oder die Partnerin zu unterbrechen. Geben Sie Ihrer

Partnerin Raum, ihre Gefühle und Gedanken auszudrücken, und versuchen Sie, Empathie und Verständnis zu zeigen.

Fragen stellen und Klarheit suchen: Tasten Sie sich an das Problem heran, indem Sie offene Fragen stellen, um mehr über die Gefühle und Sichtweisen Ihrer Partnerin zu erfahren. Bitten Sie um Klarstellung, wenn etwas unklar ist, und vermeiden Sie Annahmen oder voreilige Schlussfolgerungen. Wenn Sie erkennen, dass etwas nicht stimmt, sollten Sie Fragen wie die folgenden stellen:

„Könntest du mir erzählen, wie du dich in unserer sexuellen Beziehung fühlst und ob es etwas gibt, das dir Sorgen bereitet oder dir Unbehagen bereitet?"

„Gibt es besondere Momente oder Situationen, in denen du dich während unserer intimen Zeit zusammen unsicher oder unwohl fühlst?"

„Wie kann ich dir helfen, dich wohler und sicherer zu fühlen, wenn wir intim sind? Gibt es bestimmte Dinge, die ich tun oder vermeiden sollte?"

„Möchtest du über deine sexuellen Wünsche und Vorlieben sprechen, damit wir gemeinsam herausfinden können, wie wir unser sexuelles Erleben für uns beide verbessern können?"

„Wie würdest du dir wünschen, dass wir über unsere sexuellen Probleme sprechen und zusammenarbeiten, um Lösungen zu finden, die uns beiden gerecht werden?"

Seien Sie respektvoll und einfühlsam: Achten Sie darauf, Ihre Worte sorgfältig zu wählen, um Verletzungen zu vermeiden. Respektieren Sie die Grenzen und Empfindlichkeiten Ihrer Partnerin und vermeiden Sie abwertende oder verurteilende Aussagen.

Fokussieren Sie sich auf Lösungen: Anstatt sich auf Probleme oder Schuldzuweisungen zu konzentrieren, suchen Sie gemeinsam nach Lösungen und Kompromissen, die für sie beide akzeptabel sind. Erarbeiten Sie gemeinsam konkrete Schritte, um das Problem zu lösen oder die Situation zu verbessern.

Geben Sie Rückmeldung und Wertschätzung: Wenn Ihre Partnerin sich Ihnen gegenüber öffnet und ihre Gefühle mitteilt, zeigen Sie Anerkennung für ihre Ehrlichkeit und den Mut, das Thema anzusprechen. Geben Sie Rückmeldung darüber, wie Sie die Situation gemeinsam verbessern können, und betonen Sie die positiven Aspekte Ihrer Beziehung.

Vereinbaren Sie einen Folgetermin: Manchmal kann ein Gespräch über sensible Themen oder sexuelle Probleme nicht in einem einzigen Gespräch gelöst werden. Vereinbaren Sie einen Folgetermin mit Ihrer Partnerin, um das Gespräch fortzusetzen oder den Fortschritt gemeinsam zu überprüfen, und bleiben Sie offen für weitere Diskussionen.

Suchen Sie bei Bedarf professionelle Hilfe: Wenn Sie Schwierigkeiten haben, ein Problem zu lösen oder sich verletzt fühlen, ziehen Sie die Möglichkeit in Betracht, einen Paartherapeuten oder einen Sexualtherapeuten hinzuzuziehen, der Ihnen helfen kann, die Kommunikation zu verbessern und Lösungen für Ihre Probleme zu finden.

Üben Sie Geduld und Flexibilität: Veränderungen und Lösungen für sensible Themen oder sexuelle Probleme benötigen Zeit und Anstrengungen von beiden Partnern. Seien Sie geduldig und bereit, an Ihren Problemen gemeinsam zu arbeiten und sich an Veränderungen anzupassen.

Den Körper annehmen und Komplexe überwinden

Bezogen auf die eigene Sexualität und den eigenen Körper haben viele Menschen Komplexe. Komplexe sind für Frauen ebenso wie für Männer schwierig loszuwerden, da dahinter häufig alte Verletzungen, tief verwurzelte psychologische Muster und fest verankerte Glaubenssätze stehen. Frauen stehen stärker als Männer unter Druck, bestimmten Schönheitsidealen und gesellschaftlichen Normen zu entsprechen, die unrealistisch oder unerreichbar sein können. Dies kann zu Selbstzweifeln und Unsicherheiten führen.

Vergangene Erfahrungen und Traumata, wie beispielsweise emotionale, körperliche oder sexuelle Misshandlungen, konnen ebenfalls zu Komplexen führen. Diese tief verwurzelten emotionalen Narben sind nicht leicht zu überwinden und können das Selbstwertgefühl und das Vertrauen in den eigenen Körper beeinträchtigen.

Darüber hinaus kann mangelnde Kommunikation in einer Beziehung oder eine nicht unterstützende Umgebung dazu führen, dass Frauen und Männer ihre Ängste und Unsicherheiten nicht offen ansprechen können. In solchen Fällen ist es schwierig, Unterstützung zu finden und gemeinsam an Lösungen zu arbeiten.

Eine weitere Hürde bei der Bewältigung von Komplexen besteht darin, dass Frauen und Männer möglicherweise nicht wissen, wie sie mit ihren eigenen Unsicherheiten umgehen sollen, oder nicht über die notwendigen Ressourcen und Fähigkeiten verfügen, um sie zu bewältigen. Dies kann dazu führen, dass sie in negativen Denkmustern oder Selbstkritik gefangen bleiben, was es schwierig macht, Fortschritte zu erzielen und ihr Selbstbild zu verbessern.

Schließlich können auch kulturelle und familiäre Hintergründe eine Rolle dabei spielen, wie schwer es für Frauen oder Männer ist, Komplexe loszuwerden. In einigen Kulturen oder Familien kann Sexualität als Tabuthema angesehen werden, was offenere Diskussionen über sexuelle Unsicherheiten und Probleme erschwert.

Um Komplexe erfolgreich zu überwinden, ist es wichtig, sich ihrer Ursachen und Auswirkungen bewusst zu sein und aktiv an der Verbesserung des Selbstbildes und der Kommunikation in Beziehungen zu arbeiten. In einigen Fällen kann professionelle Hilfe, wie Therapie oder Beratung, hilfreich sein, um die zugrunde liegenden Probleme zu behandeln und Strategien zur Bewältigung von Unsicherheiten und Komplexen zu entwickeln.

Um einen sexuellen Komplex aufzulösen, können folgende Schritte hilfreich sein:

Selbstreflexion: Identifizieren Sie die Ursachen des Komplexes und betrachten Sie, wie diese Ihr Leben beeinflusst haben.

Offene Kommunikation: Sprechen Sie mit Ihrer Partnerin über Ihre Gefühle und Ängste, um Verständnis und Unterstützung zu erhalten.

Professionelle Hilfe: Ziehen Sie in Erwägung, einen Therapeuten oder Sexualtherapeuten aufzusuchen, um Ihre Komplexe und deren Ursachen zu behandeln.

Positives Selbstbild fördern: Arbeiten Sie an einem positiven Selbstbild und schätzen Sie Ihren Körper, Ihre Persönlichkeit und Ihre Talente.

Für Frauen, die ihren Körper besser annehmen möchten, können folgende Strategien hilfreich sein:

Fokus auf Stärken: Sich auf Stärken und positive Eigenschaften konzentrieren.

Negatives ausgrenzen: Negative Selbstgespräche erkennen und bewusst durch positive Selbstgespräche ersetzen.

Selbstfürsorge praktizieren: Pflegen Sie Ihren Körper und achten Sie auf Ihre körperlichen, emotionalen und mentalen Bedürfnisse.

Positives Umfeld: Sich mit positiven Vorbildern und unterstützenden Personen umgeben.

Aktivitäten ausüben, die das Körperbewusstsein und das Selbstvertrauen fördern, wie Yoga, Tanz oder Sport.

Als Gentleman können Sie Ihre Partnerin dabei unterstützen und dazu beitragen, ihre Komplexe aufzulösen, indem Sie:

Verständnis und Empathie zeigen: Hören Sie aufmerksam zu und zeigen Sie Verständnis für ihre Gefühle und Ängste.

Ihre Partnerin bestätigen und wertschätzen: Geben Sie ehrliche Komplimente und betonen Sie ihre Stärken, Schönheit und Fähigkeiten.

Eine sichere Umgebung schaffen: Schaffen Sie eine vertrauensvolle Atmosphäre, in der sie sich frei fühlt, über ihre Sorgen und Bedenken zu sprechen.

Geduld üben und Druck vermeiden: Lassen Sie ihrer Partnerin Zeit, ihre Unsicherheiten zu überwinden, und vermeiden Sie, sie zu drängen oder in druckerzeugende Situationen zu bringen.

Als Gentleman können Sie Ihrer Partnerin Vertrauen schenken, indem Sie praktische Fragen stellen, wie zum Beispiel:

„Was kann ich tun, damit du dich wohler fühlst?"

„Gibt es bestimmte Berührungen oder Dinge, die dir besonders gefallen oder bei denen du dich am wohlsten fühlst?"

„Möchtest du über deine Vorlieben oder Bedenken sprechen, damit wir gemeinsam herausfinden können, was für uns beide am besten funktioniert?"

„Gibt es etwas, das du ausprobieren oder verändern möchtest, um unser intimes Zusammensein noch angenehmer zu gestalten?"

Indem Sie solche Fragen stellen und ein offenes, unterstützendes Umfeld schaffen, helfen Sie Ihrer Partnerin, wenn sie von Komplexen betroffen ist, sich in ihrer Sexualität sicherer und selbstbewusster zu fühlen. Vielleicht helfen Ihre Zuneigung und Ihr Verständnis dadurch auch, alte Verletzung zu heilen.

Scham und Sexualität

Scham im Zusammenhang mit Sexualität kann verschiedene Ursachen haben. Aus psychologischer Sicht hat Scham oft mit Sozialisation, kulturellen Normen und Werten, persönlichen Erfahrungen und Erziehung zu tun.

Menschen lernen von klein auf, welche Verhaltensweisen akzeptiert werden und welche als unangemessen gelten. Im Zusammenhang mit Sexualität kann dies dazu führen, dass bestimmte sexuelle Wünsche oder Verhaltensweisen als tabu oder beschämend empfunden werden. Scham kann sehr tief in einer Person verwurzelt sein, und es kann sogar professionelle Hilfe erforderlich sein, wenn Scham die Lebensqualität einer Person ernsthaft beeinträchtigt. Um einer Frau die Scham in weniger schwerwiegenden Fällen und sexuellen Dingen zu nehmen, sollte ein Mann und Gentleman folgende Schritte in Betracht ziehen:

Offene Kommunikation: Fördern Sie einen offenen und ehrlichen Dialog über Sexualität und Wünsche. Teilen Sie Ihre Gedanken und Gefühle miteinander und schaffen Sie eine vertrauensvolle Atmosphäre, in der sich beide Partner sicher und respektiert fühlen.

Empathie und Verständnis: Zeigen Sie Empathie und Verständnis für die Gefühle und Bedenken Ihrer Partnerin. Akzeptieren Sie ihre Schamgefühle, ohne sie zu bewerten oder zu kritisieren. Signalisieren Sie, dass es normal ist, solche Gefühle zu haben, und dass Sie sie dabei unterstützen.

Geduld und Zeit: Geben Sie Ihrer Partnerin Zeit, sich in ihrem eigenen Tempo zu öffnen und ihre Scham abzubauen. Setzen Sie sie nicht unter Druck oder fordern Sie sie nicht auf, ihre Grenzen zu überschreiten.

Positive Bestärkung: Bestärken Sie Ihre Partnerin in ihren Stärken und Fähigkeiten, sowohl in sexuellen als auch in nicht-sexuellen Bereichen. Zeigen Sie ihr, dass Sie sie schätzen und respektieren. Fördern Sie ihre Neugier, indem Sie das sexuelle Erforschen zulassen. Schaffen Sie kein neues Schamgefühl durch unangemessenes Verhalten wie Tadel oder Schuldzuweisungen.

Bildung: Informieren Sie sich gemeinsam über Sexualität und erkunden Sie neue Bereiche, um Unsicherheiten und Schamgefühle abzubauen. Wissen kann dazu beitragen, Ängste und Vorurteile abzubauen. Besprechen Sie gezielt Themen, die Schamgefühl für Sie beide beinhalten.

Konkrete Fragen, die Sie als Gentleman stellen können, um mit Ihrer Partnerin über Scham oder Schamgefühl in sexuellen Dingen zu sprechen, sind:

„Wie fühlst du dich in Bezug auf Sexualität und Intimität? Gibt es Dinge, die dich in sexuellen Situationen unsicher oder beschämt fühlen lassen?"

„Was kann ich tun, um dir dabei zu helfen, dich wohler und sicherer in unserer Beziehung und in sexuellen Situationen zu fühlen?"

„Gibt es bestimmte Wünsche oder Fantasien, die du gerne mit mir teilen möchtest?"

„Wie können wir gemeinsam an deinem Selbstbewusstsein und deinem Wohlbefinden arbeiten, um eventuelle (deine) Schamgefühle zu überwinden?"

Orgasmusprobleme und Ursachen

Orgasmusprobleme können sowohl bei Männern als auch bei Frauen auftreten. Bei Männern werden sie häufig als Ejakulationsprobleme bezeichnet, die in verschiedene Kategorien unterteilt werden können: vorzeitige Ejakulation, verzögerte Ejakulation und Anejakulation (Unfähigkeit, einen Orgasmus zu erreichen). Bei Frauen spricht man häufig von Anorgasmie, wenn es Schwierigkeiten gibt, zum Orgasmus zu kommen. Die Ursachen für Orgasmusprobleme können vielfältig sein und sowohl physische als auch psychische Faktoren umfassen. Einige mögliche Ursachen sind:

- Medikamente (z. B. Antidepressiva, Antipsychotika, Blutdruckmedikamente)
- Alkohol- oder Drogenmissbrauch
- Hormonelle Störungen

- Neurologische Erkrankungen
- Urogenitale Probleme oder Verletzungen
- Psychische Faktoren wie Stress, Angst, Depressionen oder Beziehungsprobleme
- Kulturelle oder religiöse Überzeugungen, die Sexualität negativ beeinflussen
- Mangel an sexueller Erregung oder unzureichende sexuelle Stimulation
- Kommunikationsprobleme oder mangelnde Vertrautheit mit dem eigenen Körper oder dem des Partners

Die Prävalenz (Anzahl der Krankheitsfälle unter bestimmten Bedingungen) von Orgasmusproblemen in Deutschland ist schwer zu bestimmen, da Studien zu unterschiedlichen Ergebnissen kommen und die Menschen möglicherweise zögern, über diese Probleme zu sprechen. Es wird jedoch geschätzt, dass etwa 10-20% der Frauen an Anorgasmie leiden, wobei die Zahlen je nach Alter und soziodemografischem Hintergrund variieren. Bei Männern sind Ejakulationsprobleme ebenfalls weit verbreitet, wobei etwa 20-30 % der Männer unter vorzeitiger Ejakulation und etwa 3-7 % unter verzögerter Ejakulation leiden.

Orgasmusprobleme können behandelt werden. Die Lösungen variieren je nach Ursache, können aber eine Kombination aus medizinischen, psychologischen und verhaltenstherapeutischen Ansätzen beinhalten. Es kann auch hilfreich sein, offen und ehrlich mit dem Partner über sexuelle Wünsche und

Gedanken zu sprechen, um mögliche Missverständnisse oder Ängste auszuräumen. In einigen Fällen kann die Unterstützung durch einen professionellen Sexualtherapeuten oder - berater hilfreich sein, um die zugrunde liegenden Ursachen der Orgasmusprobleme zu identifizieren und gezielte Lösungen zu entwickeln, wie zum Beispiel:

- Änderungen der Medikation (falls Medikamente die Ursache sind)
- Hormontherapie (bei hormonellen Störungen)
- Behandlung von zugrunde liegenden medizinischen Problemen, wie z. B. neurologischen oder urogenitalen Erkrankungen
- Entspannungstechniken, Stressbewältigung und Achtsamkeit, um psychischen Druck abzubauen
- Paartherapie oder Sexualtherapie, um Kommunikationsprobleme und Beziehungsdynamik anzugehen
- Selbstexploration (Aussprechen des inneren Erlebens) und Masturbation, um den eigenen Körper und sexuelle Reaktionen besser kennenzulernen
- Experimentieren mit verschiedenen sexuellen Techniken, Stellungen und Fantasien, um sexuelle Stimulation zu erhöhen

Bei Orgasmusproblemen ist es wichtig, geduldig zu sein und keine unrealistischen Erwartungen an sich selbst oder den Partner zu haben, wenn Sie oder Ihre Partnerin betroffen sind. Offene Kommunikation, Verständnis und die Bereitschaft, verschiedene Ansätze auszuprobieren, können jedoch dabei helfen, Orgasmusprobleme zu überwinden. In diesem Buch konzentrieren wir uns auf herkömmliche nicht therapeutische oder medizinische Möglichkeiten, wie Entspannungstechniken, Stressbewältigung und Achtsamkeit, Selbsterkundung, Masturbation und das Experimentieren mit verschiedenen sexuellen Techniken. Das Buch kann eine notwendige medizinische oder therapeutische Behandlung nicht ersetzen. Es ist aber notwendig, diese Themen in einem Ratgeber wie diesem kurz aufzugreifen, um zumindest im Ansatz darauf aufmerksam zu machen und darüber aufzuklären.

Sieht man einmal von medizinischen Problemen und Krankheiten ab, besteht in Deutschland, gemessen an den nackten Zahlen, ein erheblicher Nachholbedarf an offener Kommunikation und wertschätzendem Verhalten in Paarbeziehungen. Es kann sich also für Mann und Gentleman lohnen, sich mit den Themen dieses Ratgebers zu beschäftigen, um für sich und mit seiner Partnerin andere Wege in der Sexualität zu gehen.

Kommen wir zu einem weiteren vieldiskutierten Thema mit Bezug zu Sex und Sexualität, das Thema „Porno". Lernen Sie das Für und Wider und die damit verbundenen Vor- und Nachteile auf den folgenden Seiten etwas näher kennen.

Das negative Bild der Pornoindustrie

Die Pornoindustrie hat in Bezug auf romantische Paarbeziehungen und Sexualität zwischen Mann und Frau aus verschiedenen Gründen einen schlechten Ruf. Pornografie zeigt oft übertriebene und unrealistische Szenen, die nicht die tatsächliche Vielfalt menschlicher Sexualität widerspiegeln. Dies kann zu falschen Vorstellungen über sexuelle Praktiken, Körperbilder und Leistungserwartungen führen. Pornografie kann Menschen – insbesondere Frauen – als Objekte darstellen, die ausschließlich für sexuelle Befriedigung existieren. Dies kann dazu führen, dass Menschen, die dem Pornokonsum erlegen sind, in realen Beziehungen weniger Respekt und Empathie für ihre Partner entwickeln.

Einige Pornos zeigen riskante, gewalttätige oder nicht einvernehmliche sexuelle Handlungen, die in einer gesunden Beziehung nicht praktiziert werden sollten. Der Konsum solcher Inhalte kann dazu führen, dass Menschen diese Praktiken als normal oder akzeptabel ansehen und versuchen, sie in ihren eigenen Beziehungen umzusetzen. Der Konsum von Pornografie kann in einigen Fällen die Kommunikation und emotionale Intimität zwischen Partnern beeinträchtigen. Anstatt offen über ihre sexuellen Wünsche und Bedürfnisse zu sprechen, können Menschen Pornos als Ersatz nutzen und so die Möglichkeit verpassen, eine tiefere Verbindung mit ihrem Partner aufzubauen.

Darüber hinaus kann der Konsum von Pornografie auch positive Auswirkungen haben. Was sind die Vor- und Nachteile von
pornografischen Filmen oder Materialien?

Vorteile:

- Pornografie kann in gewissem Maße zur Sexualaufklä-
  rung beitragen, indem sie Menschen über verschiedene
  sexuelle Praktiken, Techniken und Verhütungsmetho-
  den informiert.

- Pornografie kann dazu beitragen, das Tabu rund um Sexualität abzubauen und Menschen helfen, ihre eigene
  Sexualität besser zu verstehen und zu akzeptieren.

- Pornos können als Quelle sexueller Stimulation und
  Fantasie dienen, was für einige Menschen hilfreich sein
  kann, um ihr sexuelles Verlangen und ihre Befriedigung
  zu erhöhen. Menschen nutzen Pornografie zur Stimulation und Masturbation, um sich zu entspannen.

Nachteile:

- Exzessiver Pornokonsum kann zu Abhängigkeit und negativen Auswirkungen auf das tägliche Leben führen.

- Pornografie kann in einigen Fällen zu Eifersucht, Vertrauensverlust und Kommunikationsschwierigkeiten in Beziehungen führen.

- Die Darstellung idealisierter Körper und sexueller Leistungen in Pornos kann zu negativen Körperbildern und Selbstwertgefühlen bei Konsumenten und Konsumentinnen führen.

Pornografie und gesunde Sexualität

Für manche Menschen dient Masturbation als Mittel zum Stressabbau und zur Entspannung, und Pornos können diese Erfahrung als visuelle Stimulation ergänzen. In Fällen, in denen Menschen keine sexuelle Beziehung haben oder ihre sexuellen Bedürfnisse in einer bestehenden Beziehung nicht erfüllt werden, kann Pornografie als eine Möglichkeit dienen, sexuelle Bedürfnisse auf individueller Ebene zu befriedigen. Die Hintergründe für die Nutzung von Pornos zur Stimulation und Masturbation können vielfältig sein, einschließlich persönlicher Neigungen, sexueller Fantasien, kultureller Einflüsse und individueller Lebensumstände.

Es ist wichtig, ein Gleichgewicht zwischen dem Konsum von Pornografie und der Aufrechterhaltung einer gesunden, offenen und respektvollen Kommunikation in sexuellen Beziehungen zu finden. Offene Gespräche über sexuelle Bedürfnisse, Vorlieben und Grenzen können dazu beitragen,

Missverständnisse und Konflikte zu vermeiden und eine tiefere Verbindung und Intimität zwischen Partnern zu fördern.

Für einen aufgeklärten Mann und Gentleman ist es wichtig, sich der möglichen Auswirkungen von Pornografie auf die eigene Sexualität und die Beziehung zur Partnerin bewusst zu sein und verantwortungsvoll mit dem Konsum umzugehen. Es ist sinnvoll und klug, offen über das Thema Pornografie zu sprechen und der Partnerin zu erklären, warum man sich als Mann bei der Masturbation damit stimuliert. Für die meisten Männer ist der Sex mit der eigenen Partnerin viel intensiver. Dies sollte ein Mann und Gentleman seiner Partnerin vermitteln können. Umgekehrt gilt das natürlich auch für die Partnerin.

Kapitel 13

Langfristige Beziehung garantiert sexuelle Erfüllung

Leidenschaft und Intimität erhalten und fördern

In unserer schnelllebigen Gesellschaft und dem ständigen Wandel des Alltags kann es eine Herausforderung sein, die Leidenschaft und Intimität in einer langfristigen Beziehung aufrechtzuerhalten und zu fördern. Doch es ist essenziell, sich bewusst Zeit und Raum für die Pflege der partnerschaftlichen Beziehung und des sexuellen Lebens zu nehmen. In diesem Nachwort werden Empfehlungen und Anregungen gegeben, wie Paare ihre Beziehung weiter stärken und die Liebe und Leidenschaft neu entfachen können.

Paare, die in der Lage sind, über ihre Bedürfnisse, Wünsche und Ängste zu sprechen, schaffen ein solides Fundament für eine erfüllende, vertrauensvolle Beziehung. Die Fähigkeit, ehrlich und respektvoll miteinander zu kommunizieren, trägt entscheidend dazu bei, Missverständnisse und Konflikte zu vermeiden und die Intimität in der Partnerschaft zu erhalten.

Des Weiteren sollte die Pflege der emotionalen Verbindung und der gemeinsamen Interessen nicht vernachlässigt werden. Gemeinsame Aktivitäten, Hobbys und Erlebnisse stärken das Gefühl der Zusammengehörigkeit und schaffen wertvolle Erinnerungen. Ebenso wichtig ist es, sich bewusst Zeit für Zweisamkeit, Romantik und Sexualität zu nehmen, um die Liebe, Verbundenheit und Leidenschaft im Alltag immer wieder neu zu entfachen.

Ein weiterer Aspekt, der in langfristigen Beziehungen oft vernachlässigt wird, ist die gegenseitige Wertschätzung und Anerkennung. Es ist wichtig, sich bewusst zu machen, dass der Partner nicht selbstverständlich ist und seine positiven Eigenschaften und Bemühungen wertzuschätzen. Kleine Gesten der Zuneigung und Anerkennung tragen dazu bei, das Selbstwertgefühl des Partners zu stärken und die Beziehung lebendig zu halten. Wer schon das Küssen zwischendurch vergisst oder vernachlässigt, hat schlechte Karten.

Die Bereitschaft, Neues auszuprobieren und die eigene Komfortzone zu verlassen, ist ein weiterer entscheidender Faktor für die Erhaltung von Leidenschaft und Intimität in einer langjährigen Beziehung. Das kann beispielsweise durch die Erkundung neuer sexueller Praktiken, die Einführung von Rollenspielen oder das Ausprobieren von erotischen Spielzeugen geschehen. Die gemeinsame Erkundung neuer erotischer

Horizonte fördert das gegenseitige Verständnis und die Verbundenheit.

Selbstfürsorge und Selbstliebe sind ebenfalls wichtige Voraussetzungen für ein erfülltes Liebesleben. Sich selbst und den eigenen Körper zu lieben und zu akzeptieren, trägt dazu bei, sich selbstbewusst und offen in der Partnerschaft zu zeigen und gemeinsam die Sexualität zu erkunden. Es macht Sinn, sich in einer sexuell erfüllten und befriedigenden Partnerschaft auf diesem Weg von falscher Scham oder falschem Schamgefühl zu befreien.

Erotische Filme und Literatur können eine bereichernde Ergänzung zum gemeinsamen Liebesleben darstellen. Sie können als Inspiration für neue Fantasien und Wünsche dienen und die gegenseitige Stimulation und Intimität fördern. Dabei ist es wichtig, auf die individuellen Vorlieben und Bedürfnisse beider Partner einzugehen und sich gegenseitig mit Respekt und Verständnis zu begegnen.

Fantasien und erotische Träume sind ein natürlicher Teil unserer menschlichen Sexualität und haben aus psychologischer Sicht eine wichtige Funktion. Sie erlauben uns, unsere Wünsche und Bedürfnisse zu erkunden, und können dabei helfen, neue Aspekte der eigenen Sexualität zu entdecken. In einer Beziehung können sie dazu beitragen, die Intimität zu vertiefen, wenn Paare bereit sind, ihre Fantasien miteinander zu teilen und eventuell gemeinsam umzusetzen.

Abschließend sei betont, dass der Schlüssel zu einer langfristig erfüllenden Beziehung und Sexualität in der Offenheit, dem gegenseitigen Respekt und der Bereitschaft liegt, sich auf die Bedürfnisse des Partners einzulassen und gemeinsam an der Beziehung zu arbeiten. Dazu gehört auch die Entwicklung einer individuellen Technik, die beiden Partnern höchsten Genuss in intimen Momenten verspricht.

Die Punkte, auf denen eine erfüllte und befriedigende Sexualität aufbaut, sind:

- Offene Kommunikation
- Zeit für Zweisamkeit und Romantik
- Pflege der emotionalen Verbindung und gemeinsamer Interessen
- Wertschätzung und Anerkennung des Partners
- Experimentierfreude und Neugier
- Selbstfürsorge und Selbstliebe
- Einbeziehung von erotischen Hilfsmitteln, wie Filme, Literatur, Kleidung und Spielzeuge
- Offenheit für Fantasien und erotische Träume
- Respekt und Verständnis für die Bedürfnisse des Partners
- Bereitschaft zur gemeinsamen Arbeit an der Beziehung und Sexualität
- Individuelle Technik bei der praktischen Befriedigung des Partners

Fangen Sie als Mann und Gentleman damit an.

Nachwort

Liebe Männer und Gentlemen,

die leidenschaftliche Langzeitbeziehung ist der beste Weg zu dauerhafter sexueller Erfüllung für Mann und Frau.

Abschließend möchte ich Ihnen noch einige Gedanken und Ratschläge mit auf den Weg geben, die Ihnen helfen können, eine erfüllende sexuelle Beziehung zu führen und guten, befriedigenden Sex zu haben.

In einer Zeit, in der Female Empowerment immer wichtiger wird, ist es als Mann unerlässlich, die eigenen Vorstellungen und Einstellungen zu hinterfragen und gegebenenfalls anzupassen. Wer sich heute auf eine gleichberechtigte und partnerschaftliche Beziehung einlässt, wird feststellen, dass dies unter anderem die Qualität und Tiefe eine sexuelle Beziehung verbessert. Indem sie die Bedürfnisse und Wünsche ihrer Partnerin respektieren und wertschätzen, schaffen sie eine Atmosphäre des Vertrauens und der Offenheit. In einem solchen Umfeld kann sich echte Intimität entwickeln, und beide Partner können ihre Sexualität frei und ohne Scham erforschen.

Paarbeziehungen werden in Zukunft immer stärker von den Idealen der Gleichberechtigung und des gegenseitigen Respekts geprägt sein. Das wird auch die Sexualität und das Verhältnis zwischen Mann und Frau verändern. Männer, die sich diesen Entwicklungen öffnen, sind besser gerüstet, erfüllende und leidenschaftliche Beziehungen zu führen. Um in dieser Welt erfolgreich zu sein, ist es wichtig, offen für Veränderungen und dazu bereit zu sein, alte Denkmuster und Verhaltensweisen hinter sich zu lassen.

Lassen Sie sich auf die spannende Reise der persönlichen und gemeinsamen Entwicklung mit einer sexuell interessierten Partnerin und Gefährtin fürs Leben ein und suchen Sie immer wieder nach Möglichkeiten, Ihre Beziehung und Ihr Sexualleben zu bereichern. So können Sie und Ihre Partnerin gemeinsam wachsen und die tiefe Verbindung, die Sie in der Sexualität und auch in anderen Dingen miteinander teilen, weiter stärken.

Vielen Dank für Ihre Zeit und Ihr Interesse an diesem Buch.

Mögen Sie eine leidenschaftliche, liebevolle und gleichberechtigte Partnerschaft genießen, die von Vertrauen, Offenheit und gegenseitigem Respekt geprägt ist.

Ihr Mike Winter

Quellen

(1) Hensel DJ, von Hippel CD, Lapage CC, Perkins RH (2021) Frauentechniken, um die vaginale Penetration angenehmer zu machen: Ergebnisse einer national repräsentativen Studie an erwachsenen Frauen in den Vereinigten Staaten. PLoS ONE 16(4): e0249242, https://doi.org/10.1371/journal.pone.0249242

2)   https://www.welt.de/iconist/article232347615/Orgasmus-So-oft-kommen-die-Deutschen-beim-Sex,Webrecherche 27.03.2023

(3) Differences in Orgasm Frequency Among Gay, Lesbian, Bisexual, and Heterosexual Men and Women in a U.S. National Sample, Veröffenticht: 17 Februar 2017, David A. Frederick, H. Kate St. John, Justin R. Garcia, Elisabeth A. Lloyd

4) Sabine zur Nieden, Weibliche Ejakulation, Variationen zu einem uralten Streit der Geschlechter, Buchreihe: Beiträge zur Sexualforschung (ISSN: 0067-5210) Verlag: Psychosozial-Verlag, 2. Aufl. 2009, Erschienen im Januar 2009 ISBN-13: 978-3-8379-2004-8, Bestell-Nr.: 2004

(5) Nature and Origin of "Squirting" in Female Sexuality, Samuel Salama MD, Florence, Boitrelle MD, Amélie Gauquelin CM, Lydia Malagrida MD, Nicolas Thiounn PhD, MD, Pierre Desvaux MD First published: 24 December 2014https://doi.org/10.1111/jsm.12799

Notizen

Notizen